U0839947

哥儿们

BROTHERHOOD

张涤生 著

文匯出版社

目录

第一章 闲登小阁看新晴

（时间：2010 年）

1. 葬礼

台北的四月是气候比较好的时节，但天气就像女人的脾气，说变就变，昨天还阳光明媚，今天就转为阴暗，吹起冷冷的凉风，许多人将收起的冬衣又穿起来了。张立德从桃园机场到台北的直达车下车，站在复华饭店旁的公共汽车候车亭等车时，一阵寒风吹来，立德有种凉飕飕的感觉，原来一米七二的身材，好像一下萎缩了许多，曾经英姿勃勃的颜面，也可看到老人斑的点缀了。立德不由自主地露出一丝苦笑，岁月不饶人哪。他整了整棒球帽下掩盖着的稀疏的白发，同时拉紧红色的薄夹克，是红色的，因为年纪大了，反而要穿鲜艳的颜色，也许想挽回流逝的青春吧。朋友们都认为立德哪像七十岁的人，但立德自己不得不承认，到底不比从前，以前在四月的天里，只要穿件衬衫便行了。

立德环顾着周围，这几乎和自己一起成长的都市，以前这里是一片荒地，现在则是略显单调与朴实的高楼大厦，和北京、上海这些大城市来比较，台北的市容建设是相对陈旧与落后。立德正在冥想之际，一位老人柱着拐杖到站牌前观看了会儿，然后转头问道："请问到永和要坐哪一号线？"旁边一位中年妇女热心地向这位老人解释了半天，最后扶着他过马路到对面去乘车。等一切安顿好后，她才回到原地候车。

看到这一幕，立德心想，是的，台北应该是个小而美的都会，她美的不仅是外表，也是内涵。如果说北京是出自名门的大家闺秀，上海是豪门巨贾家里的贵妇，而台北则如同蜕变中的小家碧玉，虽然外表不是那样的仪态万千或者艳压群芳，但培养出来的气质，即使让她立于芸芸众生之中，仍能彰显出其鹤立鸡群的姿态。

对面转角处广告牌上的美女，不知是风吹磨损还是沾上污迹的原因，其脸颊上居然露出一个小黑点。其实任何美人的粉底下，总有掩盖住的黑斑，而所有的都会区，也都会有些不堪入目的景象。在台北五彩缤纷、璀璨夺目的灯光下，同样隐藏着许多见不得人的勾当。这些被粉底掩盖的黑斑，有时候还是会在素颜下，呈现出本来面目。为了表面光鲜，当局用了许多加厚的粉底来掩饰；如果揭开这粉底，透视其中，就会发现当局、媒体、民意代表及黑道，都可能掺和在一起，各方都试图分一杯羹，但又都遮遮掩掩，怕人关注。

其实，立德的把兄弟，黄龙、李有志都是这粉底下的黑斑。张立德目前是空中飞人，台北、纽约两边住，最近也有一年多没回来了。他这次回台，主要是探病，大哥黄龙病了一阵，原以为没什么，自己也忙，就拖了下来。直到现在才抽空赶来，他是想看看能不能帮上点忙。

立德重新走在台北的街道上，回忆起与拜把大哥黄龙的几十年交往，不由感慨万千，两人过往的许多点点滴滴，都一幕幕地涌上心头。唉，所谓的“少年子弟江湖老”，宋代陈与义的一首《临江仙》的词句，倒颇能描述他此时的心情。

《临江仙·夜登小阁忆洛中旧游》

忆昔午桥桥上饮，坐中多是豪英。

长沟流月去无声。

杏花疏影里，吹笛到天明。

二十余年如一梦，此身虽在堪惊。
闲登小阁看新晴。
古今多少事，渔唱起三更。

立德在纽约时，查过台北的气温，没预料到天气的突变，一下飞机，拖着个手提行李箱，就直奔医院。虽然在台北的寓所还有些厚衣服，但不想回去换，只有竖起衣领，双手环抱，在寒风中等待经过仁爱路的公共汽车。台北的公共交通工具实在是便捷，他上了车，用的是老年卡，只扣点，免费的，博爱座也不像内地，有时会被年轻人抢占。立德找了个座位，把手提箱放在跟前，开始浏览起窗外的街景。

立德正看得惬意，路上突然堵车，原来是前面要封路，过往的车辆都须绕道而行。他前面坐着两位乘客，一个头发都已花白，是位上了年纪的老人；另一个则是二十多岁的少年，两人见到路边情景，就讨论起来。

白发老者:“今天又是什么事要封路？是抗议什么吗？”

年轻人:“你没看新闻呀？今天的头条，大明哥的葬礼。”

白发老者大概不知道大明哥是谁，脸上露出一副茫然的神色。于是年轻人又接着解释道:“大明哥是五湖帮的大哥，教父级的，所以他的葬礼才会这么风光。”

一听到五湖帮，立德立刻想到小学同学唐铨，他也是五湖帮一员，按年龄算，也是元老级的人物，他今天应该会到场吧。

其实立德曾经见过大明哥，有次回台跟黄龙在酒廊喝酒，包了个大房间，十几个兄弟，加上十几个小姐，喝酒、敬酒、划拳、玩骰子、抽烟和唱歌，玩得不亦乐乎。黄龙正跟一个小姐在玩骰子“吹牛”，非要那小姐喝下认输的三杯罚酒，正争得面红耳赤之时，是大明哥带了四个兄弟到黄龙房间敬酒，那小姐才得以解围。

大明哥看起来温文尔雅，没什么架子，完全不像帮派的大哥，但酒量好，跟房间每个兄弟敬酒，打了个通关。当黄龙介绍立德给大明哥时，听说立德是从美国回来的，大明哥立刻红着脸，大声说道：“龙哥是我最钦佩的兄弟，他的兄弟就是我的兄弟。立德哥，我明天替你接风。”然后转过脸对黄龙说：“龙哥，明晚在五月花酒家，我替立德哥接风洗尘，有没有时间？”

没等黄龙回话，大明哥又举起酒杯，大声嚷道：“今天在场的兄弟，明天都请过来，大家一起热闹热闹！”

黄龙费了一番唇舌，才推辞掉大明哥的好意。可结账时才知道，当晚所有的费用，大明哥已悄悄付了。

立德常常听到黄龙对大明哥的评价，说他豪爽、讲义气、识大体，而且谦虚，肯帮人，难怪有那么多人愿意为他送葬。有这场面，是多年积累的人脉，也不是每个人老死后都能有的。

这时，路上处处可见到葬礼的游行队伍，帮派参加者一律黑色西服，并有各帮派的旗帜，列队游行，看上去壮观无比；也见到大批警员沿路照相、调查取证、维持秩序，所以有的道路就对车辆临时封闭了。

年轻人以羡慕的声调说："全省帮派，外省挂的竹联帮、四海帮、松联帮等，本省挂的天道盟、山线、海线、纵贯线上的各地角头、各路英雄好汉们，今天都到了。连岛外都有1500多人参加，包括香港新义安、澳门十四K、日本山口组，都有代表过来，预计参加葬礼的帮派分子超过万人，真是盛况空前啊。"

想必白发老者有些不以为然，摇摇头说："到底是黑帮，这有什么好骄傲的。"

年轻人接道："那不一定。你看参加葬礼的还有不少是达官贵人，做人做到这样，也算不枉此生！"

立德知道，在台湾黑白两道是很难界分的，黑道常是利益集团与白道进行沟通的桥梁，甚至本身也是利益集团的一分子，而白道也靠黑道帮衬，摆平纠纷，或者分一杯羹。但最重要的是，黑道可以操纵选票；久而久之，黑道分子发现与其帮别人，不如自己来，这样不仅利益不外流，并且还能得到许多官方的保障，所以黑道分子漂白后做白道的很多，黑白就融合在一起。当权力与利益欲结合时，黑道自然成为不可或缺的调和剂。

封路结束，公车恢复行驶。由于台北是个盆地，受地形限制，多数道路比较狭窄，而且两旁高楼林立，商店居多，商业气氛浓厚。仁爱路则不像台北的其他道路，是条林荫大道，不过与立德记忆中的仁爱路还是存在相当的差异。

1949 年，立德随父母从上海飞到台湾来时，就住在这条路上。那时住家是日式榻榻米房子，100 坪的地，后面还挖了个防空洞。现在虽林荫依旧，但道路两旁以往的平房住宅，都已翻盖成了高楼，成为升斗小民一辈子不吃不喝都负担不起的豪宅。

如果当时保有这块地，现在该是亿万身价了，但活到现在，如果的事太多了，没有什么好追悔的；既然当时做了决定，就应承受这决定的后果。

张立德曾在纽约打电话给黄龙，想安慰他，说：“等你病好了，咱们一起去 K 歌！”

黄龙有气无力地边咳边说道:“这辈子恐怕不能陪老弟K歌了，我们约定下辈子吧！”黄龙的话依稀透着当年的豪气，但声音里却已没有了那股子气势。

英雄只怕病来磨。两年前回台北时，与黄龙在天上人间喝酒。那个时候黄龙一手搂着个年轻女孩，一手举着酒杯，豪气逼人地说:“老弟，人生一世，没什么后悔的。想咱们一生吃的、玩的、喝的都没少过，也算不虚此生了！”

张立德右手拖着行李，左手拎着临时买的一篮水果，进了仁爱医院。黄龙住的是台湾保险规定的标准病房，三人一间，他没有另外付费，以求升级到两人一间的病房。床头柜上除了两盒纸巾、一个水壶和两只杯子外，就没有其他东西了，看样子经济状况不是太好。

立德把带来的水果放在床头柜上，站在病床前，看着穿着病患衣服、半躺半坐的黄龙。就见对方衣袖外露出的是骨瘦如柴的手臂，而且好像萎缩许多，再也没有以前魁岸的身躯；消瘦的面庞上，一道道深刻的皱纹，似乎在反映主人这几十年来的沧桑，也使得他右额头上的刀疤混在了这些皱纹中，不再那么明显。

乍一见到张立德，黄龙不由得一阵激动，不料又引起一连串的干咳。立德赶忙坐在床边，轻拍黄龙的背部，同时拿起纸巾替他抹去嘴唇边上的血痕。

黄龙看到张立德带来的水果，凄然一笑道："我现在只能喝流质，这些水果是无福享受喽。"黄龙的声音很小，几乎听不大清楚，比起以往声如洪钟、气势凌人的态势，实在是不能同日而语了。

立德握住黄龙的手，只觉得一阵冰凉，心中刺痛，眼睛都润湿起来。

黄龙大概体会到立德的心情，强笑道："老弟，你还记得我第一次住院，你来看我的情形吗？"

"记得，当然记得，是你替我挨的那一刀，"立德笑笑说，"你还说，老子武士刀太长，来不及拔，被那小子钻进来用短刀刺我一下，下次绝对要早点拔刀！"张立德一边说着，一边似乎还想仿效着黄龙当年拔刀的手势。

黄龙听了，脸上露出些自得，并努力翕动嘴唇，想显示出一分笑意，但力不从心，而且马上就痛得干咳起来，嘴角还流出鲜血。

对着病床上的黄龙，立德能忆及的，几乎都是50年前的旧事了。那时立德是高中二年级，与同学起了冲突，同学的哥哥是地头蛇（当地角头）。年轻人的纠纷一向是自行解决的，没办法，立德只有请黄龙帮忙，与对方约了晚上在火车站后面的空地谈事。双方各聚集了三四十号人马，黄龙同他两位朋友还带了武士刀。立德与对方没说上几句话，双方便火速开打起来，黄龙冲上来，替立德挡了一刀。那次黄龙不仅身上挂彩，而且险些丧命，因为只要稍偏一点，刀就刺进了心脏。黄龙可说命大，但在江湖上博得了名声，也从此走上了不归路。

张立德继续替黄龙揩拭掉嘴边的血迹，安慰道："那次这样严重，你都熬过来了，现在医学发达，你肯定不会有事的！"

黄龙苦笑了一下，有气无力地说道："这次是胃癌末期，而且癌细胞已经扩散到全身，我知道这是大限到了，就希望来生我们还做兄弟。"

立德紧握住黄龙的双手，说："一定！一定会的！"

黄龙露出欣慰的笑容，立德侧过头，不让黄龙看到他淌在脸上的泪滴。

这时，一个30来岁高高大大的青年进到病房，"龙哥，一切都搞定，没问题了。"说罢，他扭过头看见张立德，忙叫道："立德哥，你也在啊，太好了，龙哥总惦记着你呢。"完了又使了个眼色，示意立德随他出去。

两人来到病房外，立德疑惑中带些焦急地问道："小洪，什么事？"小洪是黄龙的贴身小弟兼保镖，已经跟随黄龙十多年了，立德以前见过的。

小洪显得有些尴尬，吞吞吐吐地回道：“龙哥住院已经半年多了，花费不少，虽然有健保，但自费部分还是不少。你也晓得龙哥的，他是有多少花多少，只有欠债，没有积蓄，现在有点转不过来了。”

立德皱下眉头，又问：“你们难道没有收入吗？”

小洪叹口气，说：“我们跟着龙哥出来混，平日里主要收入是收些规费，代人讨债，偶尔也弄个场子抽抽头什么的，可现在龙哥一病，除规费外，其他收入都没了；更气人的是很多小弟见大哥病得厉害，不是自立山头，就是投靠到别的帮派了。他妈的，这不就像俗话说的‘什么树倒了，猴子跑了’嘛。还讲什么兄弟义气，简直是狗屁！”

立德看小洪越说越激动，忙接道：“是‘树倒猢狲散’，不过这也正常。”他一边说，一边掏出张信用卡，安慰小洪道：“别着急，这里面有50万额度，我们现在去财务处，先刷这张卡，不够的我再想办法。”

小洪激动地握着立德双手，说道：“真是患难见真情，龙哥没白交你这兄弟。”

立德也坚定地回应道：“我跟龙哥是从小一起长大的，他的事就是我的事。”

这边黄龙看着张立德走出病房的背影，心里一阵酸楚，但干枯的双眼里已经没有了泪水。他的脑中也回忆起60年前在土地庙结拜的往事，如今四兄弟中，只有立德算是真正的兄弟。当年的四兄弟中，李有志有事有人，没事不见人，如果需要帮忙或者替他摆平道上的一些纠葛时，他就会大哥长大哥短地说个不停，可自己生病住院这么久，李有志却只来过一次，送了五万元，以后就不见人影了；至于林道和，不知是不想还是不敢，去美国近40年了，竟没回来过一次，也听不到他的任何消息，像完全失踪了似的。

在道上混久了，拜把兄弟多了去，但真情实意地结拜的并不多。高二时，在关帝庙里斩鸡头、喝血酒、啮臂为盟的事犹历历在目。当时的十八兄弟死的死，出国的出国，如今在台湾的只剩十人，其中还有四个在坐苦牢；其余六个人中，两个去做生意，一个吸毒后沦为街友，还在混的只有阿达和自己，但彼此道不同，越走越远。

黄龙思前想后，不由得心潮澎湃。他突然觉得腹部一阵剧痛，全身都在出冷汗，不禁在床上翻滚起来。他嘴里继续淌出鲜血，握着床单的手，青筋根根裸露，几乎要将血管爆裂似的。

小洪送走立德后，正进入房内，发现黄龙情况不好，忙招呼护士，并用手按住黄龙，不让他从床上滚落下来。医生及护士赶到后，扶起黄龙，又喂他吃了几颗止痛药。

医生对着黄龙说："黄先生，你这是何苦呢？我替你打一针吗啡止痛，你就会舒服很多。"

黄龙虽然满脸痛楚，但还是摇头道："我一辈子不让我兄弟沾毒，我也不会破例。好在这疼痛是间歇性的，熬过一阵就好了。"

想必这不是他们第一次如此对话，医生只得叹息一声，离开了。

医生走后，小洪替黄龙打开病房里的电视机。台湾的电视一般不是名嘴的政论，就是插科打诨弄趣之类的综艺节目。不过新闻节目却是以社会时事为主，所以各台都在直播大明哥出殡的画面，有 12 匹白马、24 辆重摩，还有不计其数的方阵，都打着各自帮派的旗帜，加上黑色长龙，看去备极哀荣。

黄龙自言自语道："大明哥，你称得上生荣死哀。我们出来混，争的就是个面子，你算把面子争到极致了，我走时还不晓得有几个人来送葬呢。"

立德回台北不到一个月，黄龙就走了。临去世前的那几天，黄龙的病况很不乐观，立德几乎不分昼夜地守在病床前。

那天早上，黄龙精神似有些转好，还跟立德聊了许久，谈到有志，谈到道和。忽然间，黄龙提到小妹：“唉，我这辈子最对不起的人，可能就是小妹了。”

黄龙先是将眼睛转向窗户，眼中透出迷惘与思念，稍后转过脸，看着立德说道：“如果我不是那样缠着小妹，也许她就不会远走香港，随便找个人嫁了。”

立德顿时心头一震，连忙俯下身去，握住黄龙的手说：“龙哥，别这么说，小妹去香港嫁人，应该有她自己的理由，跟你没关系。”立德嘴里这么说，心里却一阵痛楚。

黄龙的嘴角牵动了一下，露出一丝微笑。

黄龙的葬礼，是在市立殡仪馆的一间厅堂里办的。挂在逝者遗像两旁的，是张立德书写的一副挽联：

雁翼折西风，六十载兄兄弟弟，而今阴阳永隔；

跫声悲落日，一辈子死死生生，回首侠义云天。

黄龙无妻无子，丧事由弟弟出面，小洪总揽一切事务，稀稀落落地来些道上的兄弟，前前后后的红颜知己也陆续现身几个。不过黄龙自己带的兄弟，来的不如预期的多，只有百多人，而且许多只是来行礼而已。

小洪气愤地对立德说："现在的兄弟实在不像以前了，大哥没钱没财路的话，小弟就跟别人了！现在赚钱的不是黄，就是毒，大哥都不碰，没钱养小弟，没人就没势力了。最重要的是现在帮会要现代化、公司化，除了传统的规费、围事外，要漂白，要涉足正当行业。"

小洪看了立德一眼，接着道："大明哥的帮派早就公司化了，房地产、传媒、电子业都有涉足，钱多自然场面好；而龙哥还是老派作风，帮派做不大，场面当然要差得多了。"

小洪说了这话不久，黄龙以前十八兄弟中的阿达出现了，四辆车带了 12 个小弟到灵前行礼。小洪忙迎上前去，见小虫也和阿达在一起，一时脸色都变了。

小虫原是黄龙的贴身小弟，最近几个月很少看到他，问起来他总说母亲身体不好，需要在家照料，没想到是去照料阿达了。

阿达注意到小洪的表情，赶紧上前打个圆场："洪哥，龙哥走了，小虫现在跟了我，也还是自家兄弟嘛，以后要互相关照哟。"说完，他一转脸，见张立德在旁，赶快转移话题道："德哥也来了，什么时候有空我替你接风。"

阿达离开时，留给小洪一个 20 万元的白包，然后浩浩荡荡地走了。临上车前，阿达沉着脸，对小虫吩咐道："小虫，你跟我坐。"

车门刚关好，阿达就给了小虫一巴掌，教训道："你看你见到小洪那熊样，你现在是跟着我，有我在这里罩着你，你怕什么怕！"

小虫苦着脸，面对阿达眼露凶光、透着杀气的表情，赶紧连声应道："是，老大！"稍后他侧过脸去，看着渐行渐远的殡仪馆，心里默祷道："龙哥，你一路走好。是我对不起你，但我妈看病要钱，我没办法。"

阿达不再理会一旁的小虫，掏出包白粉，摆在锡箔纸上，使劲用鼻子吸了两口，然后闭上双眼，显出一副飘飘欲仙的神态。

等阿达的车队驶远后，小洪对立德抱怨道：“你看，龙哥以前多照顾小虫，现在他还躺在这里呢，小虫却已跟了别人，真是良心让狗给吞吃了！”

立德说：“唉，也许人各有苦衷，就随他去吧。”

“可他知道阿达靠什么赚钱吗？靠安非他命。这东西害人害己，说不定哪天连命都得赔上呢。”

“如果真有这一天，那也是他活该。”

李有志来行礼的时候，立德发现他旁边有个西装革履的老人，看着有些面善，等到对方叫了他一声：“立德，我是道和。”立德才想起来者应该是林道和，因为两人有近40年没见过面，所以生疏得都认不出来了。

原来结拜的四兄弟，有志从事房地产开发，非常忙，不过偶尔还能见个面，吃个饭；唯有道和自40年前与刘菲结婚赴美后，就再没见过，没想到三个结拜兄弟会在大哥黄龙的葬礼上重逢。

行完礼后，立德兴奋地拉着道和、有志，想去厅堂外叙旧。因有志还有事，约了第二天中午在兰庭川菜馆见面。

葬礼结束，立德正准备离去时，看见远远地站个黑衣女人，正对着这边眺望。立德本来没在意，但等眼睛扫过去之后，突然觉得有些熟悉，又转回目光定睛注视。小妹，季菊瑛！立德忙趋前喊声："小妹！"

菊瑛见张立德向她走来，原本转身就想离去，但终于还是停顿下来，面对立德。立德粗粗打量着面前这个女人，还是那么出众，从童年的稚气到少女的清纯，再到青年的狡黠和成年的艳丽，而今都归于平淡，但无论她站在哪里，永远是焦点的所在。即使她如今脂粉不施的容颜，也还透露出成熟而端庄的美丽，剪裁合身的黑色套装，更衬托出超凡脱俗的气质。

立德张开口，想说什么，却发不出声来，停顿了一下，终于像是在梦中清醒似的，结结巴巴地问道："小妹，没想到今天会遇见你！"

对面的这个男人背有些驼，稀稀疏疏的白发散布在头顶上，脸上看得出年岁的痕迹，但就是这么一个快七十的老态男人，居然还是如此不会讲话，不懂女人心思，小妹只得无奈地笑笑，反问道："你说龙哥的葬礼我能不来吗？"

立德知道又说错话了，难为情地笑了笑，点点头。

两人好像又回到从前，不过那时是三人行，还多个龙哥。没有出声，却像有默契似的，两个人并肩沿着民权东路慢慢走着。沉默了片刻，还是立德打破沉寂，没话找话地问道："多久不见，你还好吗？"

“23年了，我挺好的，你呢？”小妹的声音很轻，很慢，但很清晰，给人一种意志力很强的感觉。

“我还是老样了，台北纽约两边跑。反正是孤家寡人一个，想走时拎个包就走了。”立德答得轻松，话气中的落寞感却还是听得出来的。

“唉，何必呢？你该找个老伴，相互间好有个照应。”

小妹没有解释隐含在“何必”中的意思，但两人都心知肚明。立德苦笑了下，想岔开话题，于是问道：“你这些年都在香港吗？怎么都没你的消息？”

小妹凝视着远处的地面，平静地回道：“我原来在一家美企工作，后来自己出来做点小生意，过得还好。”

“你现在住哪里？孩子好吗？”立德语气平稳，似充满期盼，不过他马上意识到这个问题有些冒失，于是没等小妹回答，赶紧又说：“这么久不见，不如我们找个地方吃饭，好好聊聊。”

小妹立刻转过脸来，心中的酸甜苦辣好似都涌了上来，没声好气地接道：“我现在吃长素，找个地方坐坐就好。”

2. 餐会

两人在附近的一家西餐咖啡馆中坐定，服务员来时，小妹先叫了色拉和蔬菜汤，然后问立德："你还是咖喱牛肉饭吗？"

立德到现在才敢仔细端详这个令他神魂颠倒了一生的女人。这些年来，小妹似乎丰润了些，但挺直的鼻梁、淡描的峨眉、藏在浅色唇膏下完美的嘴形，以及若隐若现的细小贝齿，却仍然是旧时的模样。他看着小妹的嘴角牵动了下，有一种说不出滋味的苦笑，于是回道："呵呵，难为你还记得。"

小妹避开立德的眼光，双手拿起桌上的餐牌，无意识地翻弄着，嘴里轻声说道："有些事是一辈子也不会忘记的。"

立德不知如何接腔，嘴里咕哝了一下，终究没发出声音来。

好在此时服务员送来了两人的点餐，等一切就绪，小妹才回答立德先前的问题："我也是台北、香港两边住。友松在美国，大学快毕业了，我每年见他一两次。"

提到友松，立德立刻与小妹对看了一眼。小妹低下头，未再说话。

立德感觉到气氛的转变，于是换个话题，欣慰地说："小妹，你真幸福！"

小妹笑笑，满足地应道："友松有女朋友了。"提到友松，小妹表现出一位母亲的骄傲。她忽然惊觉到立德正注视着自己，不想继续这个话题，抬头问立德："你在台北住哪里？"

“复兴南路上，是个套房，很小。小妹，你住哪儿？”立德问了，也急切地期盼着答案，却不知小妹愿不愿回答。

“我住信义路杭州南路那边，等会我写个地址和电话给你，哪天我约你过来玩。”

立德分辨不出这是出于真心，还是止于应酬，就没敢再问对方的婚姻状况，反正等她来了电话再说。之后，他刻意制造了许多话题，但就是不涉及小妹的婚姻及家庭状况。两人说到黄龙、李有志、林道和及许多眷村的往事，回忆似一张张旧照片，开始活跃在眼前，使得彼此初见时略显生疏的气氛，逐渐融洽起来。

不知不觉间，天色黯淡下来，小妹不经意地看了下表，吃惊地说：“呀，都五点多了，我家里还有事，得先走了！”

立德想挽留小妹多坐会儿，但又止住了，只能起身问道：“要不要我送你？”

小妹摇了摇头，浅浅一笑：“不必麻烦了，我还要去别的地方呢。”

立德看着小妹离去的身影，许多埋藏的回忆立时被挖掘出来，就见四周尽是不同时期的小妹。他呆站了许久，直到有人轻碰了他一下，说声“借过”，这才回过神来。

立德、道和和有志坐在武昌街的兰庭川菜馆。

这家店不大，却是老字号。进门转角处，有个神龛，供着武财神关公的雕像。立德看到这雕像，想起以前四兄弟结拜的情景，一时感慨良多。店里生意很好，几乎没有空座。好在以前因黄龙喜欢川菜，常和有志来这里，所以有志与店经理也熟，三人就在神龛旁挤放张桌子，才得以落座。

有志点了条店里的招牌菜剁椒活鲤鱼，又点了几个小炒，叫了几瓶啤酒。侍者见是熟人，便问道:“李先生，好久没看到你了，龙哥最近怎么样？”

有志显出些许尴尬的表情，回道:“龙哥已经走了，我们昨天刚参加他的葬礼。”

侍者露出个惊讶及伤感的表情，说道:“龙哥这么好的人也会走，唉，早知道我一定要去祭奠追悼的。”

原来龙哥曾经帮过他忙。其实黄龙帮过的人不少，可惜很多人忘了。

等鱼上来时，道和看立德没动筷子，便问道:“立德，这鱼的味道鲜美，你怎么不尝尝？”

立德笑笑，没说话。其实他是不吃鱼的，有志以前知道，现在吃得高兴，可能根本没注意到，或者忘了。

有志就靠黄龙替他解决过不少困难，因为在房地产开发的过程中，从获取土地、规划、许可证件、销售，环环节节都很复杂；尤其因为金额巨大，所以黑白两道都会前来掺和，没有得力靠山是很难成事的，以前龙哥就是有志的黑道靠山。

黄龙靠替有志乔事，是拿过不少车马费，但左手进，右手出，出来混的，靠的就是这场面。等黄龙生病住院，日子久了，场面没了，有志也像黄龙其他小弟一样，另请高明了。

立德本来希望有志能够拿笔钱出来，替黄龙办个风风光光的后事，结果有志拿了五万元给小洪，不免浇了立德一头冷水。

看到道和，立德也是一腔热血，但道和没什么反应，可能只是来还个愿，表示下歉意吧。三兄弟一餐饭，各有各的心事，虽然都提了再约下次，多见见面，但都排不出适当时间，就只有草草结束。

临出门时，立德抬头看着关老爷，觉得他捻着把长须，露出似笑非笑的眼神，看着眼前的三兄弟各奔东西。

第二天，李有志在复兴北路的竹家庄避风塘定了个包房，客人包括两党的两位“立法委员”钱来福和金不换、市“政府”的游德高秘书和台北市的经常来、童前两位“议员”，另外还有青龙会的会长梁哥及手下青禾堂堂主董哥、青叶堂的堂主亮哥和他们的小弟们，十四个人的圆桌坐得满满的。

这店以港式海鲜出名，有志个别问了下两位“委员”、两位“议员”、游秘书及三位大哥有没忌口的菜后，就点龙胆石斑两吃外，又点了些海鲜及该店名菜，开了两瓶 XO 白兰地，但正事还没谈，两瓶酒已经光了，餐馆也要打烊，大伙决定到天上人间续摊。

原来李有志看中了台北市一块地，但产权复杂，而且需要变更地目，牵涉很广，为了摆平这事，所以约了相关人士聚聚。在天上人间的大包房内，客人加上小姐，三十几个人的烟酒，还干掉十几瓶黑牌威士忌，搞得个个东倒西歪，面红耳赤。整个房间乌烟瘴气，就像在云里雾里一样。

大屏幕上放的是周华健的《朋友》:“……朋友一生一起走，那些日子不再有，一句话，一辈子，一生情，一杯酒……”

李有志拿着麦克风，一边唱着，一边与所有客人们挨个握手。等他唱完，放下麦克风，又拿起酒杯，冲着钱“委员”及金“委员”说:“今天在电视上看两位‘委员’针锋相对，辩论激烈，没想到在这里把酒言欢啊！”

金“委员”哈哈一笑道:“我们是台上吵架台下和，这都是做给选民看的，事情还是要办的。”又补充道:“不过你要喝酒的话，那就要分别敬，不能便宜你。”

钱“委员”连忙附和道:“对对，分别敬！”

有志听出了其中的弦外之音，忙说："当然是分别敬啦。"于是拿起杯来，连干了两杯。

钱"委员"笑道："李总，够朋友，我们一定配合，不过事情要办的话，还需要'政府'的政策指导啊！"

有志又走到游秘书旁，也敬了一杯酒，游秘书不甘示弱地接口道："有两位'委员'指示，上面就好交代了，而且经'议员'、童'议员'都在，有他们帮忙，更不成问题。不过媒体方面，李先生还是需要应酬一下的，他们往往成事不足，败事有余啊。"

李有志满脸春风，打个大哈哈说道："这个我懂，已经在安排了。"分别敬过经、童两位后，他转过脸，又敬了梁哥、董哥、亮哥的酒："梁哥、董哥、亮哥，这事也得仰仗三位大哥帮忙了。"

不料梁哥脸色阴沉地哼了一声，问道："干你娘！以前不都是龙哥在帮你吗？"

"龙哥已经走了，洪哥年轻，办不了大事，所以一定要请三位大哥帮忙。"有志有些难堪地回道。

梁哥接道："你既然找了我们青龙会，我们就会管到底，到时洪哥不服气的话，就不要怪我们不客气了。"

有志忙说："那当然，那当然。"

游秘书也打圆场说："喝酒，喝酒！"

第二章 无为在歧路 儿女共沾巾

（时间：1950 年）

1. 小学

张立德认识黄龙还是读小学三年级的事。那时他刚到台湾，读的是小学，同学大都是本省籍的，只有少数外省人。所谓外省，指的是 1945 年日本投降后，陆陆续续从大陆渡海来台的人，以有别于在这块土地世代居住的人口。这些外省人中，有的是来办接收日伪产业的，有的是来做生意的，但绝大部分是为躲避战乱或追随当局者来台的军公教人员。

立德第一天去学校上课的时候，老师把他领进教室，对着班上同学说："这是新来的同学张立德，刚搬到台北来，大家多帮帮他。"然后又指定立德坐在最后一排的空位上。立德怯生生地坐下后，旁边的有个同学悄悄地提示道：“现在讲的是第四课。”还递了支削好了的铅笔过来。立德转头过去，见对方是一个黑黑壮壮的大个子，一嘴白白的牙齿，正对他露齿而笑，这就是与黄龙结交的开始。

到午饭时，立德接过家里人送来的热饭菜，刚打开饭盒，又有个细微的声音问道：“你家里还给你送饭来啊？”这是李有志和他说的第一句话。

感觉到同学们羡慕的眼光，立德有点腼腆地问道：“我饭很多，有没有人愿意分点去吃？”话音刚落，大个子黄龙便端着饭盒过来了。从那以后，黄龙每次都不客气地过来分享立德的午餐。因为在当时，班里的学生如果住得近的话，多半会回家吃午饭，否则就要带着饭菜来学校，而学校没有蒸饭设备，所以将就着吃冷食。

有一次，立德家人误了送饭时间，黄龙拿了个冷馒头过来，一分为二，把大的那部分给了立德。不管是分享立德的饭菜，或是给立德馒头分享，黄龙都是一副理所当然的样子。而李有志常常带的就是冷饭加几根咸菜，于是也成为分享立德午饭的常客。

班上一共就六个外省同学，四男二女。因为外省同学是少数，彼此自然走得近些，尤其是四个男生，有时因方言关系，不免与其他同学发生误会甚至起争执，打架也是常事。不过说到打架，主要还是指黄龙，道和与有志是不会掺和在里面的。立德刚转入这所学校时，有一次下课跑进厕所，无意中与高班的一位男生发生碰撞，引起冲突，结果对方班上来了十几个同学，将立德围在中间推来搡去的。

也算凑巧，此时黄龙也来上厕所，他见状，不分青红皂白，抓住对方领头的那个就打，瞬时引得十几个人围殴他一个。幸好才开打，上课铃响了，双方只得各自回教室上课。那知下课铃一响，黄龙又冲出教室，主动找对方打架。从此以后，即使黄龙每次被打得鼻青脸肿，但只要下课时间一到，他都会去找对方再次较量。久而久之，大家都知道黄龙是个拼命三郎，且喜欢死缠烂打，只要你跟他沾上了，不管是赢是输，准没完没了，所以一般的人，能不惹就尽量不去惹他。

那时的老师，有日据时代遗风，打骂是常事。立德不算是最顽皮的学生，但不知何故，却是受老师体罚最多的。有一次，立德在上课铃响完后才进教室，被罚以举把椅子、两腿半分弯的姿势站立。更糟糕的是老师方言较重，立德常常听不懂。幸亏过了不久，立德考进了另外一所省立小学，学校离家较远，每天都要家人接送，而其他三位男同学都是来自附近的眷村光华新村，没有转校的条件。

当立德吞吞吐吐地将自己即将转学的消息告诉黄龙时，黄龙竟一脸惊诧，冲着立德说："你是我最好的朋友，怎么说转学就转学了？是不是有人欺侮你？我替你去打他！"

立德赶紧摇头："不是，是我妈妈让我转的！"

黄龙听罢，好像斗败了的公鸡，泄了气，垂下头，但马上又挺胸凸肚，大声说道："我要和你结拜成兄弟，我把林道和跟李有志也叫过来。"

于是在立德转学离开前，四个小学生就在邻近一处土地庙前，行礼如仪，结拜为兄弟。他们都是同一年出生，但按生日前后排序，黄龙当了老大，林道和是老二，张立德排了第三，李有志成了老么。当时立德拿了只碗，没有酒，就在碗里装了些水。黄龙率先割了食指，往碗里滴了些血；道和略一迟疑，也割指滴了两滴血；立德没问题；到有志时，他怕痛，转过脸去请黄龙帮忙，刺他的手指，然后一起说了些"有福同享，有难同当"和"不能同年同月同日生，但愿同年同月同日死"之类的话。

光华新村是陆军的眷村，住的多是中下级军官的眷属，也有部分士官的家属。黄龙与道和是近邻，放学后常一起回家。回家的路是条两车道的柏油路，路旁则是平整的铺路石，两旁多是稻田、空地，间或有几栋民居。黄龙一边踢着路边的石子，一边对道和说："我爸爸说你爸爸以前是大学生呢，可你爸爸为什么也要当兵呢？"

道和笑笑，没搭腔。

黄龙又蹦蹦跳跳地转到道和的另一侧，说道："我爸爸当兵据说是因为逃饥荒，家里没饭吃。我爸爸说他以前只是个小兵，现在肩上的三条杆都是拿命换回来的。"所谓的"三条杆"，其实就是上尉军衔，这在很长时间内，都让身为儿子的黄龙引以为自豪。

道和看了黄龙一眼，觉得也要为父亲的尊严说话，于是一本正经地接道："我爸爸以前书读得很好，可后来抗战了，为响应'一寸山河一寸血、十万青年十万军'的号召，他放弃读书，跑去参加青年军，还被派往缅甸和日本人作战，我爸爸的三条杆也是用命换来的。"

黄龙忽然想起什么，说道："我们都是南充人，不过你家是大地主，我家是农民，说不定我家以前还帮你家种过地的，但我们现在是邻居了。"

道和没接茬，走了几步后，回头问道："你今天要不要到我家吃饭？"

黄龙高兴地答道："好啊，正好借你的作业抄一下，否则回家又要被我爸爸检查功课，挨骂了！”然后自言自语地说："我最羡慕李有志了，他妈妈不识字，爸爸又不管他，他在学校做任何事，他爸妈都是不晓得。可我爸爸就管得太紧，将来还要我考大学、留学，但我看到书本就烦，不像你，总是考100分。”

李有志是河南人，住在村子的另一头。他父亲李政是士官长，母亲是父亲在抗战胜利后，回乡下娶的亲，没什么文化，也不知道读书这回事。有志有些小聪明，功课还过得去，尽管有时也跟着黄龙犯些校规，但他胆子小，属于大错不犯、小错不断的那一类，反正父母也不管他。

有志甩着书包，慢慢地踱回家里，心里还想着今天用橡皮筋弹尤美琪，结果被她骂的事，哪知一进家门，就听得父亲的叫声："有志，今天我请郭伯伯到家里吃饺子，这里有一块钱，你到老王铺子里去切点肉回来，要肥肉多点的，比较便宜。”

有志一听有肉吃，脸上都笑开花了，应声道："我晓得了。”他接过钱，走了出去。走着走着，他好像瞅见前面有两个结伴而行的女生特别眼熟，立刻兴奋起来，但凑近了一看，原来只是路人甲与路人乙而已。

在班上的外省人中，除了四名男生外，还有两名女生，刘菲和尤美琪，都是天生丽质一类的美人坯子。刘菲的父亲在大陆原是某市的市长，尤美琪的家里则是做生意的。那时，老师为减少学生上课讲废话的现象，一般会尽量将班上的男女学生安排成同桌，刘菲跟道和是同桌，黄龙则坐在他们后面，有志坐在美琪的后面。所有书桌中间都用小刀刻了一条分界线，谁手臂过了界，便难免遭同桌用尺敲打。道和就常常被刘菲敲打，但道和老实，一般不吭声。不过坐在后面的黄龙就不一样了，他很顽皮，除了总爱扯刘菲头发外，有一次还抓了只青蛙悄悄放在刘菲的课桌里，当刘菲打开课桌时，青蛙忽然跳到她身上，把她都吓哭了。

为这次恶作剧，黄龙没少受罚。刘菲告老师后，黄龙先被老师赏了两个大耳光子，然后再责令他伸出双手，挨木板打。黄龙的手肿得好大，他却没叫痛，咬紧牙关挺了过去。

有样学样，李有志有时也会扯尤美琪的头发，不过只要美琪回头一瞪眼，有志就马上低头装作没事人一样。

立德转入的小学，虽是公立的，但学生都是刚来台的外省人子弟，家境都比较优裕，老师也是由大陆来台的。

立德转校后，也在班上交了两个好友，唐铨及吕文达，唐铨的父亲原来是某省的省主席，而吕文达家则是从事纺织业的，但这两人小学毕业后，都进入了某私立中学，这学校的学生背景与立德就读的小学类似，师资也优秀，后来尤其在商界培植出不少人才。

立德所在班的导师叫王定国，原是东北流亡学生，通过自学考试取得了教师资格，还曾到立德家进行过家访。立德妈妈直夸说，王老师知识渊博，对学生很热诚，循循善诱，是不可多得的好老师，同“国小”的打骂教育大不相同。可惜王老师只教了一学期就离开了，过了好多年，立德才听以前同学提起，说是王老师有“匪嫌”，被抓去坐牢了。

其实两所小学的学生穿着也大不同，“国小”学生穿的制服很多是哥哥姐姐留下来的，许多学生甚至连鞋都不穿，打着赤脚来的，鞋子只在进校门时，穿给老师看的。有志的妈妈会些针线活，后来干脆凑钱买了架二手的胜家缝衣机，替眷村的小孩子们做些缝补的活，也可贴补家用。但立德后来的小学学生穿着明显好许多，他看到过有同学穿皮鞋的呢。

虽说台湾是个海岛，与大陆遥隔千里，但战争的阴影却没离开过，除了墙上“反共抗俄”、“一年准备，两年反攻，三年扫荡，五年成功”的标语外，听到的也是“反攻、反攻、反攻大陆去……”之类的反共歌曲，好像战争随时会爆发。

有一次，立德正在操场上玩耍，突然警报声大作，老师们立刻进到操场，指导学生就地卧倒，双手蒙耳，后来才知道原来是防空演习。但立德想到家里后院的防空洞，现在成了蓄水池，常年蚊虫滋生，这样看来，战争也没那么近。

2. 回家

虽说战争没那么近，可大家都做回家的打算。郭伯伯住在村尾，是湖北人。他搬到这村子不久，老伴就去世了。有一阵子，郭伯伯的情绪非常低落，后来他有个同僚王伯伯搬来同住，情况才稍好一点。

郭伯伯在村子外面的路上捡到一条小黑狗，据他说，这狗与他特别投缘，在他散步时，一直跟着他。郭伯伯收留小黑狗有一星期了，也找不到主人来认领，他就对人说："这小狗一定跟我这孤老头一样，没人要的，得了，我们两个以后就相依为命吧。"

郭伯伯还想给狗取名，王伯伯说："我们都想回家，就叫它'回家'吧。"

王伯伯是个时刻都准备回家的人。刚搬来时，郭伯伯看王伯伯每天起床后，都将被褥卷好，打成背包，好像要出远门一样。郭伯伯好奇地问："你这是要到哪里去啊？"

王伯伯一本正经地回道："我随时准备回家。只要回家时

间一到，我马上可以走，车上、船上都可以抢个好位子，早一点到家！”

听到这话，郭伯伯的眼泪都淌落下来了。谁不想家？谁不想早点回到家里？

“‘回家’，回家喽！”只要听到这叫声，光华新村就知道郭伯伯又在找他的狗了。郭伯伯视狗如儿，每天给“回家”做饭，晚上“回家”就睡在他脚跟头，几乎形影不离。不过郭伯伯午睡或做饭的时候，“回家”就会溜出来放风。

郭伯伯单身一人，除了跟王伯伯有些话讲外，陪他的就是“回家”。他常常抚摸着“回家”，说道：“‘回家’，你不要乱跑，哪天真要回家了，我找不到你，把你孤零零地留在这里，你可怎么办呀？”

有时，郭伯伯也会自言自语道：“我们老家可好啦，玉米、小麦、果树，什么都有。我家旁边还有条小河，风景可美了。”说到这，他会从冥想中醒过来，对“回家”补充道：“‘回家’啊，我会带你回家去看看的。”有时候，他也会对“回家”说：“我会替你找个伴的，生一大堆小‘回家’，我们那里地方大，随你们跑。”

王伯伯是东北人，这时候他会说：“‘回家’你跟我去东北。我们那地方可真大，你跑一天都跑不到尽头；地也肥，种的粮食吃都吃不完，真是个宝地！”

一听这话，郭伯伯就显得不高兴，生气地说：“你那儿有什么好？冬天太冷！”

两人时常争得面红耳赤，最后只好妥协：夏天可以带“回家”去东北玩。

其实，想回家的不只是郭伯伯和王伯伯。那天，张立德到吕文达家里去玩，文达妈妈正在院子里晒貂皮大衣，看到立德，她笑道：“今天太阳好，赶快把大衣拿出来晒。台湾这么潮湿，等回去时，衣服都发霉了。”

立德再转到黄龙家时，黄龙妈妈也在晒棉袍，讲的是一样的话：“立德呀，今天太阳好，你们家有没有把冬衣拿出来晒晒？我们老家冬天可冷了，这棉袍不晒，准发霉，等回家就没衣服过冬了！”

郭伯伯家隔壁的尹伯伯则喜欢将他的宝贝樟木箱也拿出来晒晒太阳，他太太在一旁没声好气地唠叨：“你这老头子，每天都要擦这只宝贵箱子，可又不让人摆东西，家里地方已经够小了，还要被这只箱子占地方，真不知你是怎么想的！”

尹伯伯起先不爱搭理，不过逼急了就会回道：“你知道什么？这箱子是我从家乡带来的，我还要好好地带回去哩。”

尹伯伯看着箱子，似乎将他的乡愁都盛放在里面了。

除了晒冬衣、晒箱子外，更多的人存着马上就会回家的念头。立德有一次到唐铨家，正巧在午饭时刻，厅里排开了三桌，坐得满满的，中间一桌有个穿着中山装的老头子举起酒杯，对唐铨的父亲说："威公，你领着我们到台湾，我们还要跟着你回去的！"然后自顾自地将这杯酒干了。同桌的马上有人响应，也跟着道："是啊，威公，我们都等你和秘书长带我们回去！"

于是敬酒的敬酒，布菜的布菜，热闹得紧。

唐铨悄悄地告诉立德："刚刚讲话的是刘秘书长，这些人都是我爸爸的老部下，他们都等我爸爸回去再当省主席呢。"

"你们每天都这样吃饭吗！"立德问。

"我们每天中晚饭都是这样的。其实不单是管饭，有的人生活，也是要我爸爸贴补的。"

张立德家没有晒箱子，也没有冬衣可晒，因为留在家乡的不只是箱子和冬衣，还有弟弟妹妹们。

1949年初，立德的母亲带着祖母及四个从两岁到八岁的小萝卜头，到台湾去和父亲会合。记得搭乘火车离开时，火车快要开了，车上挤满了人，连车顶上、车门外坐着和挂着的都是人。立德一家六口缩在列车长的一间小房间内，这还是花了大价钱，托了好大人情，才得来的容身之地。

母亲隔着车窗对外公、外婆说："最多一两个月，我们去去就回来的。大妹、小弟就托给你们了！"

没想到的是，原本要被带走的小妹，却一直哭闹不休，就由火车窗户中，跟抱在外婆手里的大妹进行了交换。转到外婆手里的小妹破涕为笑，还跟母亲挥手再见。从此，大妹去了台湾，小妹却滞留在大陆，姐妹俩的人生轨迹发生了截然不同的变化；她们再相见时，已是四十年后的事了。这或许会让人想起唐代诗人杜甫的两句诗来：

有弟皆分散，
无家问死生。
寄书长不达，
况乃未休兵。

古往今来，由于战乱而导致妻离子散、家人音讯不通的情况，不知有多少？正所谓"生死两茫茫"，而为这别离与重逢，又要付出多大的代价啊！

不过后来，外公、外婆却在要紧时刻，把没带走的冬衣换了钱财，倒是发挥了些许救命作用。

3. 家

家的组成，不单是具象的房屋和家具等，更重要的是人。大家一方面在缅怀过去的“家”和失联的“家人”，但另一方面，也在营造新的居住环境，迎接新的“家人”。

黄龙的父亲黄荣发正在院子里，搭建一间靠着主屋旁的临时房间，叫克难房，是当时的一种简易住房，主要建材有竹子及竹片，梁柱则用木材及砖石，并用石灰和泥土混合着敷贴墙面。原来黄龙是长子，下面还有两个妹妹，平时是两个妹妹睡一间，黄龙就在客厅的一角搭张竹床睡。上个星期，黄龙的母亲悄悄告诉他父亲黄荣发说，自己又怀孕了。

荣发愣在那里，好一会儿才反应过来：“怎么会的？我已经很小心了。”

黄龙的母亲气冲冲地埋怨道：“都是你一天到晚地要，现在可怎么办？”

“能怎么办呢？生下来再说呗。”荣发似乎没当回事。

“哼，你说得倒轻巧！不说将来怎么养，现在怎么住都成问题。阿龙已经睡客厅了，再来一个怎么办？”

“到时候再说吧！”

“你就会拖，不会像巷口老戴家，自己也添间房！”

荣发一听要他做这么件大事，头皮就发麻，马上推托道：

“说不定我们哪天就回去了，何必这么麻烦呢？”

但荣发终究拗不过太太的要求，央了老戴、林伟等人来帮忙，搭建起这间小屋。林伟一边敷墙，一边嘀咕道：“这种泥巴墙，哪经得住台风啊？”

荣发抬了抬眼皮，轻巧地说道：“反正是临时住住的，这材料便宜，坏了再重做就是了！”

当黄荣发对墙面做最后修补时，林伟兴冲冲地跑来说：“荣发你不要忙了，也许我们很快就回家了！”

荣发诧异地看着林伟，等他进一步的解释。林伟喘了口气，歇一下才继续道：“朝鲜战争已经正式打起来，我们也许可以反攻大陆了。假如真打起来，我一定请求上前线，总比现在不死不活要好。”

因为林伟不是黄埔军校正统出身，所以分配在团管区做干事，管管文书什么的，是个闲差；荣发也是在陆军总部挂个名义上的参谋，连班都不必上，两人都有一肚子牢骚。

荣发摇摇头，叹息说：“上次嫂夫人不是说，如果共产党打来，男人上前线，我们女人全体去跳海？”

林伟接着叹道：“我们是退此一步，即为死所，再也没有退路了！”

岂料热闹一阵子后，反攻大陆还是止于口号，但黄龙却有了自己的房间。

同一时期，李有志一家的情况也有些变化。这天，有志一进屋，猛吸一口气，问道："今天吃什么，好香啊？"

父亲李政正在厨房里忙着，接口道："今天林伯伯送了碗牛肉面来，很好吃，我正学着做呢。"

"那我们今天有肉吃了！"有志高兴地叫道。

李妈妈也满面喜色地说："这个朝鲜战争还不错，虽然没能反攻大陆，不过在我们的配给中，多了美援的面粉、黄豆，所以大家都在伙食上改进了！"

有志手舞足蹈，迫不及待地说："想到我不必天天吃咸菜，开心死了！"

吃面时，看到有志津津有味的吃相，李政叹口气说道："有志正在长身体，可惜不能常给他吃肉，而且我听老戴说，由于美军协防台湾，第七舰队开始巡逻台湾海峡，老美也不让我们反攻，回大陆更不晓得是什么时候了！"

不过村中还是有喜事的。那天，林伟与荣发正在院子里乘凉聊天，老戴忽然推开竹篱笆门进来了，他开口就嚷道："老林、老黄，明天我们家请客，你们可一定要来啊！"见两人都愣愣的，有些反应不过来，老戴又解释道："是小季要结婚了。"

老戴家客厅小，摆不下两桌酒席，就只好将婚宴设在院子里，桌子椅子都是从邻家凑来的。那天小季穿件白衬衫，折痕都在，应该是新买的，新娘穿件花布连衣裙。婚宴就是戴妈妈炒的两碗青菜、一碗青椒炒肉丝、一条红烧鲤鱼，再加上分成两桌的一锅鸡汤，每张桌上还摆了一盘喜糖、一盘花生、一包新乐园香烟及一瓶台湾啤酒。

小季只身在台，女方也没有亲人到场，所以就由戴伯伯权当双方家长，也是主婚人，对大家简短地讲了几句话。他："今天我代表小季的父母，欢迎大家来参加他的婚礼。小季跟着我来台湾时，由于走得匆忙，连家都没回，因此他父母也不知道儿子已跟着部队离开大陆了。现在好了，他将来回去时，不但有老婆，还会带个大胖儿子呢！"

说到这里，大家都哄笑起来。也不知是谁接上了一句："蒋'总统'带我们来台湾，将来我们还要跟他回去的。"

闻听此话，所有在场的人一下子安静下来，仿佛陷入了沉思。

还是林伟打破了沉寂，问道："怎么新娘家没人来啊？"

戴妈妈笑了笑，看新人都不在近旁，回道："新娘是街口杂货铺里的阿兰。你们也晓得小季是幼年兵，跟着老戴来台，他虽是士官，但年纪轻，嘴巴会讲，每天去杂货铺七搭八搭，就跟阿兰好上了。”

林妈妈嘴快，好奇地追问道：“怎么没看到阿兰的父母？”

戴妈妈小声解释道：“阿兰是杂货店老板的养女，实际上是童养媳。”讲到这里，戴妈妈左右张望了一下，发现阿兰在厨房忙，就继续道：“他们发现阿兰的事后，曾把她打得死去活来，但阿兰已有孕在身，生米煮成了熟饭；加上老戴又凑了3000元礼金，阿兰父母只能勉强同意，但婚宴就不肯来了。”

林伟赶紧补充一句：“这也好，将来回大陆时，阿兰就不会舍不得娘家了！”

这话又引起大家一阵哄笑，但谁也说不出为什么而笑。

当黄荣发夫妇、林伟夫妇及李政夫妇都在老戴家吃喜酒时，黄龙也没闲着。他先找林道和出来，但道和正做作业，没空；然后又去约李有志，有志问道：“我们去哪里啊？”黄龙应道：“随便呗。爸爸妈妈都不在家，这么好的机会，还不出去转转！”

于是黄龙和有志溜出了光华新村，漫步到了附近的一条街上。有志兴奋地说：“尤美琪就住在这条街上。”

实际上尤美琪家是独栋的日式房子，还有个挺精致的小花园。美琪每天放学回家，在院子里常能听到麻将声，知道客厅和麻将房里又各有一桌牌局，而且多半男人在客厅，女人在麻将房。

这天，美琪照例脱掉鞋子，走到榻榻米的客厅，先和牌桌上的伯伯、叔叔及父亲打一轮招呼，她本来是想再去麻将房的，却听得厨房里有母亲的声音。原来尤妈妈今天没上阵，正张罗着晚饭，一同在厨房里忙得不亦乐乎的还有老张和小杨。

牌桌上的男主人尤文晋打出一张牌，嘴里叫“七万”，接着说：“老王，你最近进的那批西药怎么样？处理掉了吗？”

老王眼睛看着牌桌和手中捏着的牌，迟疑了一下，终于打了出去：“三条。”见左右没什么反应，于是才放心地回应尤文晋的问题：“还好，不过被海关找了点麻烦，后来托了关系，总算解决了。现在海关通过了，以后就好办了。晋公，你下次要不要加点股？”

文晋随手打出张牌，回道：“好，下次算我一份。”

不过麻将房里的女眷们，谈的又是另一番风月。

王太看看下家吴太，一张条子都没出，只得将手中的一张六条扣住，拆了对九万，嘴里喊着“九万”，然后观察了下吴太的脸色，似乎看不出动静，但嘴里也不能闲着，说道：“我最近收了胡小艳做干女儿。我现在红楼剧场里每天包50个座位，谁要看越剧的，我送免费赠票。”

对家陈太搭口道：“你收这干女儿可不便宜，恐怕除了替她买戏服、头面外，戒指、首饰、黄金、美钞都不能少，花费不小啊！”这时，她恰好看到吴太也摸进张九万，跟着打出，连忙说：“吃！”同时拿出手中的七和八万，吃了上家的九万。

王太面带得意地说：“是啊，我最近才送胡小艳一个两克拉的钻戒。你也晓得，这些唱戏的很可怜，要靠卖票的收入，恐怕连吃饭都不够哪！”

上家陈太摸进一张牌，考虑良久，放到面前的牌中间，抽来换去，其实还是那张牌，王太太看得清楚，却不吱声，倒是想看看陈太究竟要出什么牌。

陈太打出来了，是六条，跟自己手中扣的牌一样！陈太一看，没人吃、碰，终于如释重负地笑道：“我先生只喜欢看京戏，每天往永乐戏院跑，不过他可没收干女儿。”

吴太插话道：“那里的谷梅芳，捧场的可多了，部长、厅长一大堆。”然后又左右看了下，放低声音说：“听说太子爷也有兴趣呢。”

王太又摸进张九万，思索着，如果用九万做麻将，就听全带幺了，于是一咬牙，干脆把手中的六条打了出去。没想到下家吴太喜形于色地叫道“吃”，接着拿出五、七束，吃了张坎张。

王太心里有点呕，赶快说："不说这些了。打牌，打牌！"

尤美琪嫌吵，一个人正在院子里玩着，听见母亲在里面叫道："阿花，到门口小店去买瓶酱油来。"

美琪忙应声道："妈！我跟阿花一起去！"

巷口的杂货店里，美琪见到方锦芳正帮她母亲照看弟弟，便过去招呼道："方锦芳，你今天走得好快。我本来要跟你一起走回家的，哪晓得你一跑就不见了。"

锦芳有些急急忙忙地说："啊，对不起，我要赶回家帮忙看弟弟。"

美琪羡慕地称赞道："你好能干呵！洗衣、烧饭、带小孩，什么都会做！"

锦芳摇摇头，无奈地说："我也是没办法，不像你命好，家里请四五个佣人，什么事都有人帮你做。"话音刚落，弟弟又在屋里哭起来，锦芳只好丢下美琪，进屋帮忙去了。

美琪有些意兴索然，随阿花回家。快到家时，她碰上了黄龙及有志，只是点个头，矜持地笑笑，便一溜烟地跑进朱漆大门，把满眼羡慕的有志挡在门外。

第三章 郴江幸自绕郴山 为谁流下潇湘去

（时间：1955 年）

1. 邻

黄龙的母亲挺着个大肚子，欣赏着院子里的小小菜园。简易竹架子上的丝瓜结了不少，看着这些欣欣向荣的生命，黄妈妈欣慰地摸摸自己的肚子。其实眷村就像这片菜园，是一个封闭的实体，与外界没有太多接触，但所含的是有机土壤，里面孕育着新的生命，有丝瓜、四季豆、番茄，其果实成长的优劣，却是看肥料、季节和土壤，但最重要的是园丁的心血。

黄龙想偷偷地溜回房间，却被黄妈妈逮个正着，叫声："你又死到哪里去野了，现在才回家！"

黄龙止住滑动的脚步，低着头，轻声应声道："去同学家玩了一下。”

黄妈妈头都没抬，根本没在意黄龙的答话，只是吩咐道：“你把我放在桌上收的这些丝瓜，送到戴伯伯家去。”说到这里，黄妈妈抬起头来，看着黄龙，又补充一句：“记得送到后马上回家，不准在外面野了！”

听说是去戴伯伯家，黄龙马上精神焕发地应声：“好，我马上去。”

戴伯伯家的大女儿戴小霞，是村子里出了名的美女，比黄龙要大过七八岁，但看美女是无分男女老少的，所以黄龙一听是去戴伯伯家，就跑得飞快。

戴小霞正在客厅里试装，对在包饺子的戴妈妈说：“妈，你看这样穿好不好看？”

戴妈妈看了看顾盼自怜的小霞一眼，只见她穿着一条蓝色裤子，上面是件笔挺的白衬衫，烫过的头发两边还微微卷曲上去，鹅蛋形的脸上，两腮各有一个小酒窝，配合起一双笑起来成半月形的凤眼，女儿不仅漂亮，还让人看了非常舒服。戴妈妈于是笑笑说道：“我的闺女怎么穿都好看。”

小霞脸颊微红，泛起一丝娇羞的笑容，同时撒娇地嗔道：“我是问你这裤子好看不？你就会说这没用的话。”

这时，戴小霞见黄龙跑了进来，得意地笑道：“小龙啊，姐姐正在试衣服，你看这条裤子好不好看？”

黄龙看了看，一脸茫然地回道：“就这条蓝裤子啊！”

戴小霞哼了一声，带点气恼地说：“这可是条牛仔裤，我托人在美国买的。”

黄龙吐了吐舌头，一时不知说什么是好。

戴妈妈看见黄龙，招呼道：“小龙，你来得正好。我们在包饺子，过会儿一起吃，完了再带些回去给你爸爸妈妈尝个鲜。”停顿了一下，又补充道：“干脆今天多包点，给廖家、林家、张家也送点过去。”

小霞从冰箱里拿出一瓶可口可乐，倒了一杯给黄龙，说道：“来试试这个！”

黄龙是第一次看到戴家有冰箱，羡慕得不得了，但是尝试了一口可乐后，皱起眉头说道：“这有什么好喝的，还不如黑松沙士。”之前在立德家时，黄龙有一次喝过黑松沙士，觉得好喝极了，所以念念不忘。

小霞笑起来，说：“真是个土包子！可口可乐是世界上最多人喝的饮料，外面还买不到哩，我是在 PX 买的。”

原来，自从美国“军援”台湾后，便成立美军顾问团，负责对台湾各军种的训练、装备及后勤工作，而 PX 则是美军专用的售货单位，主要售卖美国产品，且免税。小霞在顾问团服务，因此可以托人买到冰箱及当时台湾市面上都没有的舶来品。

然而土包子则是当时流行的《牛伯伯》漫画书中的人物。黄龙听小霞叫他土包子，心中不悦，又不便发作出来，暗想好喝就好喝呗，别人喜欢，管我屁事。的确，除了这次，黄龙终其一生，未再喝过可乐。

这时，小霞围着围裙，也坐下来帮忙包饺子。戴妈妈瞟了眼女儿，装作不经意地问道:“最近没看到陈道孚来找你嘛？”

小霞专心包饺子，顺口回道:“他知道你们不喜欢他，所以不敢来了。”

其实问的跟答的，心里都有数。实问虚答，戴妈妈还是没得到她想要的答案。戴妈妈叹了口气，解释道:“我们不是不喜欢他，是他也是眷村的！”话没有说白，但意思很明了，做父母的总希望儿女能跳出这个圈圈。

陈道孚是台大机械系毕业的，现在服兵役，但他父亲是海军士官长，做轮机维修，是左营海军眷村的，比起戴家来，家庭条件是有差异的。陈道孚兄弟姐妹六个，他是老大，担子是够重的。别看眷村的人相互间走动得勤快，但对下一代还在眷村内找恋爱对象的，一般都持反对意见。

“我知道陈道孚功课好，人也神气，但他家里不可能供他去美国深造，即使在台湾找个差事，那点薪水养自己都不够，何况还有一大家人要他养呢。”戴妈妈见女儿没反应，接着劝道。

小霞继续沉默，心知说了也没用。

戴妈妈又问：“对了，你那个萝卜同事怎么样？”

“他不是萝卜，是 Robert！”小霞啼笑皆非地回道。

“别管萝卜不萝卜的，我是问他对你怎么样，你还没回答我的问题呢。”

罗拔(Robert)是个美军士官，是PX里管仓库的，小霞所需要的物品，都是托他购买的，他也的确在追小霞，但小霞对他是若即若离，并没有接受。

小霞看了戴妈妈一眼，不耐烦地回道：“我们只是朋友，我托他买点东西，就是这么回事。”

“其实萝卜是不错的，长得有点像萝卜太辣(Robert Taylor)。你嫁了他，就可以到美国去了，汽车、洋房、美金，要什么有什么，多好！”戴妈妈还是不停地唠叨着。

小霞沉默了，但脑子里未尝没有这样的念头：这可能是离开此地最现实的捷径了。

戴妈妈最后吩咐小霞道：“饺子包完了再送些去小季家，他那媳妇儿不大会做面食的。”原来北方人管妻子叫媳妇儿，与南方人叫儿媳为媳妇是有些不同的。

小霞见黄龙还没走的意思，便说："小龙，帮戴姐姐一个忙，把这些饺子送到季叔叔家去。"

小龙转到季家时，阿兰正在做饭菜，小季则牵着个四五岁的女娃儿在玩耍，见黄龙进来，很高兴地说："你来得正好，我们在做牛肉面，你带碗回去给你爸爸妈妈试试，吃完后把碗送回来就可以了。"他顺手接过饺子，又问："是戴伯伯家的吗？"

黄龙点点头。小季对着那女娃儿说："这是小龙哥哥，你会不会叫人呀？"

那女娃儿没叫，反过手抱紧小季的大腿。小季得意地说："小妹不怕，这是小龙哥哥呢。"

小霞在美军顾问团刚下班，罗拔已经等在办公室门外了。因为稍后与陈道孚有约会，小霞本不想搭理罗拔的，但想到妈妈昨天的话，只得挤出笑容和罗拔打招呼。罗拔很兴奋，想约小霞晚餐。当他获悉小霞另有约会时，显得有些沮丧，耸了耸肩说："今天是我的生日，本想邀请你一起过的。"

小霞脸一红，觉得有些不好意思："哦，太不巧了。不过中国人的生日礼是可以补的，添福添寿，改天我请你吃饭，替你庆祝。"

“那我们一言为定。”罗拔马上笑容满面。

陈道孚在大门口看见小霞与罗拔有说有笑，面上立刻露出不自在的表情。罗拔也察觉到陈道孚与小霞的关系，但还是很绅士地祝福小霞有个愉快的夜晚。

小霞伴着道孚沿中山北路散步，道孚终于忍不住地问道：“那个老外是不是在追你？”

昨天才被母亲逼问，已经感受到与道孚交往的压力，这会儿他又这么来一句，不禁使小霞的情绪一下子失控起来，她未加思索地回道：“是又怎样？”

陈道孚心里委屈，却一时不知如何回应。尽管小霞也觉得自己有些过分，但不愿意当面道歉。两人就这样默默地走着，末了小霞冷着个面孔说道：“你要没什么事，我就先回去了。”

陈道孚想开口说些什么，但结结巴巴就是说不出来。小霞更是生气，心想，这样没底气的男人，将来怎么跟他过日子呀！正巧这时经过公共汽车站，有辆公车停了下来，小霞快步上了车，留下张口结舌、呆立在那里的道孚。

第二天，陈道孚满怀歉疚地等在顾问团门口，想找小霞解释，却发现小霞与罗拔谈笑风生地走在一起，上了辆军用吉普车，两人绝尘而去。其实道孚是因为美国学校已经给他入学许可了，而道孚父亲以前的一个同事，退役转业后在商船上做事，后来在美国跳船，改行做了厨师，又在纽约开了中餐馆。当道孚父亲请他帮忙办理道孚留学的事，他满口答应，不但借给道孚签证所需的2400美元保证金，还要道孚尽早赶去，到他餐馆里去打工，赚些学费。道孚原来想告诉小霞这些事的，而且为赶船期，这两天就要回到左营家中，并在高雄搭货船赴美（台湾早期的留美学生，没有飞机可乘，都是搭乘货轮赴美，行程需历时一个多月）。

现在面对小霞与罗拔在一起，道孚心中不禁酸痛，但想到自己即使去了美国，也得洗盘子赚钱，所得除了缴纳学费外，还需要寄回家以补贴家用。唉，既如此，又何必拖累小霞呢！

2. 初中

初中联考放榜那天，立德刚好在道和家。当时的台湾公立学校中，不是省立，就是市立或县立。立德考运不错，与有志进了同一所省立的中学，道和考入不同的省中，黄龙则进入一所市立中学，但这些并没妨碍他们的交往。唐铨及吕文达联考失利，都进了私立中学，因所读学校不同，也养成各自性格上的差异。

一次，立德在下课路上碰到唐铨。唐铨虽然像所有初中生一样剃个光头，但没有穿卡其布制服，只是穿了件花衬衫，配条国外带进来的牛仔裤，因为裤脚太长，还卷了个白边上来。唐铨骑辆跑车，坐垫抬得很高，龙头压得很低，骑在路上好像赛车手一样，非常拉风。他远远地骑车过去，见是立德，又调过车头，在立德面前刹住停下。两人自小学毕业后再没见过，所以唐铨兴奋地邀请立德到他家去玩。

立德到唐铨家时，唐家正准备吃晚饭，但不像以前宴开三席，眼下只剩一桌，十几个人。唐妈妈叫立德一起吃，并介绍这是杨副官、刘秘书，等等。饭后在唐铨房里，唐铨告诉立德："以前吃饭的那批人，大部分因为看不到随我爸爸回大陆的希望，都自谋生路，不再来了。不过逢年过节时，大家还是会到这里来聚会的。这样也好，我爸爸也养不起这么多人，我妈妈总是埋怨爸爸坐吃山空，怎么得了！好在爸爸现在还是国策顾问，有些薪水，不过像杨副官家里，我们每个月还是要给他生活费的。"

两人又聊起同学的近况，说到吕文达，唐铨说："他现在不错，朝鲜战争打起来后，需要大量军服，吕文达的爸爸是做纺织业的，便从日本人手里转接了不少订单，现在可发了，我们出去，都是他请客！"

聊到学校环境及上下课的情况时，立德提到路上好多太保，唐铨骄傲地告诉立德，他现在是五湖帮一员，这是他住家附近的太保组织，还关照立德以后遇到麻烦时可以找他。这次相聚，让两人又取得了联系。

所谓太保，是源自唐朝末年节度使李克用的十三个儿子及义子的十三太保名称，后来国民党的特务组织复兴社也用过，但真正流传较广，是由于这个名称被台湾最早的外省人子弟组成的少年帮派使用。那时，本省人的帮派都被定性为角头、流氓，而外省人的青帮、洪门等帮派，人员不多。太保最初都是青少年为自保抱团的一种结合，而十三太保中不少是中学生。太保、太妹从此在台湾就被当作不良少年、少女的代名词。

黄龙在那所市立中学中，成了班上唯一的外省人，为省籍打架的事倒没有了，而且造就了黄龙的一口闽南语与本省籍同学口音几无二致，并在他以后混迹江湖时，成为无可替代的资产。的确，在族群的融合中，语言是首先要攻克的困难。

但后来黄龙混太保还与刘菲有关。其实这两人在小学时，几乎是水火不相容，刘菲对黄龙印象的改观，应该是小学毕业后的事了。当时刘菲在私立中学读初二，与黄龙就读的学校相距不远，两人都需要在同一个公车站点坐车，时常会在回家途中相遇。

刘菲因为是班上的清洁股长，要负责检查轮值同学的清扫情况，往往离校较晚，而到公车站点又有段路，平时都是独自行走，没有同学做伴。刘菲有一阵放学时，老觉得附近街头转角处的那群小太保对她贼头贼脑的，心里不免有点慌张。这天，刘菲刚出校门，就被一群小太保盯上了，起先他们还只是冲她吹口哨，见刘菲低着头、加快脚步时，似乎更引发了他们的兴趣。除了围上前来出言轻薄外，还有个领头的大个子企图动手动脚，吓得刘菲尖叫起来。岂料刘菲愈尖叫，这群小太保便愈发狂笑着起哄，整个场面有失控的危险。

突然，有个人冲了进来，用衣服包了块大石头，上去一挥就砸破了那个大个子的头，对方顿时血流满面。原来是黄龙路过撞见了这一幕，不由分说地挺身相助。刘菲站在一旁看得真切，只见黄龙像疯了似的挥舞大石头，在人群中冲来冲去。小太保们都被吓倒了，跟着一哄而散，刘菲因此逃过了一劫。

过了两天，黄龙在放学时也被这群小太保堵个正着，五六个人围上来就打。尽管黄龙只是个十四五岁的少年，但对方下手一点都没留情面。黄龙瞬间被打得血肉模糊地躺倒在地，却仍不肯服输，还想挣扎着爬起来和对方缠打。这时，次挨的那个大个子也捡起块大石头，正要往黄龙的头上掷。黄龙抬起头来，口齿不清地说道：“除非你今天把我打死，否则你小心点，老子跟你没完！”

大个子愣了愣，突然心一横，举起石就要往死里砸，却被一个旁人喝止了。原来这人是这一地区飞龙帮的老大阿简，他目睹这一情景，不由对黄龙心生佩服，说道："你小子够种，我交你这个朋友了。"

由此，黄龙也开始了他混太保的生涯。

黄龙挨打的事，刘菲当时并不知晓。因此，尽管离事发已有好几天了，刘菲每每路过那个街角，心里仍充满了恐惧，但奇怪的是，却再没碰到丝毫麻烦。直到有一天，她忽然听到有人喊她的名字，转头见是黄龙。

刘菲发现黄龙的脸上青一块紫一块，像只大饼，而上面的两条细缝就是眼睛，眼角边上还有血痂，隐隐约约能看得出鼻子的轮廓，额头上竟然缠着好几层纱布。刘菲面对黄龙的这长脸，差点吓得眼泪都流出来，她用颤抖的声音问道："你……怎么啦？"

黄龙咧了咧肥大肿厚的嘴唇，勉强露出一抹比哭还难看的笑意。"没事，过几天就好了。"他说。

偏巧那个惹事的大个子也走了过来，刘菲冲说道："不好意思，都是误会。小龙现在是我们的哥儿们了，有我们罩着，以后再不会有人找你麻烦了。"

"这事可千万别对外人讲，否则传到我爸爸妈妈那儿，我就别想活了。”黄龙又赶紧关照刘菲说。

大个子拍拍黄龙的肩膀，坏笑道：“哥儿们，不妨碍你们聊天了。”

见四周没旁人了，刘菲抹去眼泪，对黄龙说道：“你看你，为了我被打成这样子，我好难过。”又问：“那你这几天都在哪里啊？”

黄龙轻描淡写地回道：“我都在张立德那里，只有晚上才回家睡觉。”

事实也是这样，白天黄龙都躲在立德家，以避开父母的视线，而去医院看医生的钱，还是立德找了唐铨凑出来的。唐铨将钱给了立德后，马上去吕文达的家门口，吹了两声口哨。不一会儿，吕文达悄悄溜出来，两人转过墙角，开始商议。

文达细声轻语地问道：“找我出来有什么事？这两天老头子盯我盯得紧。”

“我们五湖帮明晚约了火车站的人，在长春路开片（约架的黑话）。”唐铨急促地解释道。

文达听罢，紧张兮兮地说：“明晚我可能出不来。”

“你又不是我帮里的哥儿们，我不过想问你借个家伙。”唐铨忽然从裤子的后插袋里掏出个自行车后轮中央的齿轮，接着说道，“我就这个飞轮，怕到时不够用！”

文达松了口气，问道：“那我能帮你什么？”

“那把放在你家书房里的武士刀能否借我用一下？”唐铨身体凑上前去，小声回道。

文达的脸顿时吓白了。“那可是把古董刀，我爸要发现了会打死我的！”他慌忙答道。

“嘿嘿，看你吓成这副熊样！既然如此，我也不勉强你，但我还是想跟你挡铆（黑话：要钱）。这次立德找我，说他朋友需要看医生，我把钱都给他了，手里柳毛念（黑话：一毛钱也没有意思）。明晚如果出事，我可能会跑路，身上总要准备

些路费吧。”

文达得知唐铨只是要钱，脸色马上松弛下来，立刻掏出300元，交给唐铨。“你先拿这些去用，不够再来找我。”他爽快地说。

好在黄龙只是皮外伤，按医生吩咐休养些时日便可以了。

有一次，立德问他：“你家里不会找你吗？”

黄龙笑道：“上中学后，没少给家里添麻烦，也出走过几次，所以几天不回家，家里也不会找我的。”

“上次为了我，你向朋友借的钱还了没有？不够的话，我这里可以凑一些。”

“别担心，我会还的。”

“有志现在跟你一个学校，我好久没见到他了，他现在怎么样？”

“还好吧。”

有志与立德在初中又成了同班，不过有志很用功，是班上好学生；而立德则得过且过，每次考试名次虽然不是最后，但倒过来数总是很快数得到，所以两人的朋友圈也慢慢有了变化，但他们相互间还是照应的，立德有时也会借有志的课堂笔记本抄写。

李有志听说班上要去旅行，就心中烦恼，尽管只是去碧潭，但车费和零用等，十几元钱总是少不了的。家中兄弟姐妹五人，光光学费就够父母伤脑筋的，这些额外多出来的费用怎么向家里开口呢？

有志回到家里，看见在窄小的客厅一角，妈妈正在昏暗的灯光下，踩着一台老旧的缝纫机，一旁的地上还堆了两摊衣服。爸爸是士官长，那份薪水哪里供得起一家人生活。幸亏妈妈卖了带来台湾的金饰，买架旧缝纫机，在家接些修修补补的活，以贴补家用。记得当时买缝纫机时，爸爸还拼命反对，说是反正快回家了，买这玩意儿干什么？走的时候又带不走。没想到后来靠这玩意儿，一家才能温饱。

有志忐忑不安地注视着父母，正准备说话，见母亲拿了10元钱给父亲，同时说道："这是近两日收到的工钱，去买块卡其布来，我给小妹做件制服。女孩子不能穿男孩子的旧衣，会被人家笑的。"这样，有志到嘴边的话，只得又咽了回去。

第二天，有志去学校，一路上正想如何向老师开口不参加这次旅行的事，却发现立德站在校门口，冲他招手。有志以为立德又是要借笔记，没想到立德塞给他一把零钱，说了声："快收好，别让人看见。"就自顾自地进了校门，留下不知所措的有志，呆立在校门外。

有志后来一数钱，总共有17元5角，想必是立德从每日的零用钱里省出来的。两人再见面时，立德不让有志有开口机会，装得像没事人的样子。

立德与有志去远足，就是到碧潭，那里青山绿水，还有座吊桥，风景非常秀丽。立德与班上的几个同学正在河滩边玩水，意外地见到了刘菲。原来刘菲班上也到碧潭旅行。立德读的是男校，刘菲读的是女校，所以立德班上同学看到一群白衣黑裙的女生时，立刻起哄，但都只敢远远地叫叫嚷嚷。那些女生呢，一边翘着嘴，装出不屑一顾的姿态，一边也偷偷用眼角扫视，看看这些男生在玩什么把戏？

立德和班上的几个较为顽劣的同学走得较近，胆子也大些。立德仔细辨认后，脱口叫道："刘菲！"刘菲闻声，回头看了一下，也回应道："张立德！"于是两人兴奋地走到一起叙起旧来。

立德告诉刘菲道："李有志也在这，我去把他叫来。"

刘菲问："黄龙在吗？"

"我们不在一个学校，他没来。"

刘菲脸上闪过一丝失望。

有志跑过来见到刘菲，结结巴巴地有点词不达意，好在三个人聊了会儿，很快就自然起来。刘菲开心地说道："我们今天讲的话，比过去在学校时一年还要多！"

立德带点惋惜的表情说："是啊，可惜黄龙与道和不在，不过我们倒是常见面的。你和尤美琪还有来往吗？"

刘菲说："见过几次面，我们虽然是同校，但不同班，而且她搬家了，搬得挺远的。"

是的，美琪的家已搬到南势角，从学校回家，要转两辆公车，路上得花近两个小时。这天，美琪因为父母有应酬，所以做饭及照顾弟妹的责任就落在她身上了，需要赶紧回家。到家后，美琪把书包一放，连忙去洗菜、烧饭。说做菜，也就是煮锅菜汤，连菜带汤拌在饭里，就容易下咽了。美琪招呼弟妹们随便吃点，忽然听得父母回来的声音。她不敢出声，赶紧闪在一旁。

文晋气冲冲地走进家门后，把西装一脱，甩在一旁，重重地往沙发上一坐。老旧的沙发经不起这样的重压，"叭"的一声，一只脚断了，沙发顿时倾斜起来。文晋气得站起来，踢了沙发一脚，骂道："连沙发都要欺侮我，这日子没法过了！"随后又对紧随其后的尤妈妈吼道："什么玩意儿！当年他没钱做西药，是我借钱给他，见面就晋公晋公地叫个不停；如今他有钱了，见面叫了两声老尤后，就避之唯恐不及，躲得我远远的。等我回到上海，把产业拿回来后，我倒要看看他到底是副什么嘴脸！"

尤妈妈没理会丈夫的吼叫，抱怨道："我们在台湾还不知要待多久？你投资的几个朋友，钱都是有去无回，坐吃也要山空，我们可能要省点用，最好能找个小生意做做，起码可以维持生计。"

文晋满脸怒容，声音也提高了两个调门："我难道不知道这个道理，但我能做什么？这里人生地不熟的，只有等机会啦！"

尤妈妈继续嘀咕道："坐在家里，机会会掉下来吗？"

文晋突然暴发起来，大声叫嚣道："你要我怎么办？你烦不烦呀！"然后起身进入卧室，"砰"的一声，将门关上了。

单薄的墙面被关门的撞击力几乎砸得摇晃起来，原本挂在墙上的一幅全家福照片也震落下来。尤妈妈连忙收拾地上的玻璃碎片，看看相片里笑容满面、和蔼可亲的文晋，不由悲从心来，又不敢哭出声，跪在地上，抽泣不止。

美琪吓得更不敢弄出任何声息，赶紧收拾餐桌，打开书包，把作业拿出来，与弟妹们围坐在桌边，开始温习功课。

明天有台风经过，美琪听到风在呼啸，同时夹着大雨，在窗台上叮当作响。她只有暗暗祈望风雨早过，明天上学不要发愁。

3. 变故

风雨过后的院子，篱笆倒塌了一大半，菜园里的瓜棚架子也东倒西歪，最让人心痛的是还没成熟的菜蔬，不是浸泡在泥水里，就是吹挂到院子的角角落落……黄妈妈看着眼前的这一切，真不知如何收拾，连忙大声喊叫：“老黄，老黄，你出来看看啊！”

黄荣发穿着睡衣，慢悠悠地走出来，随口应声道：“什么事？”

“院子都吹成这样了，你还在家里坐得住！”黄妈妈气急败坏地吼叫着。

荣发翻了翻眼皮，慢条斯理地说：“天有不测风云，我有什么办法？我等等来整理就是了。”

这边荣发正在修理着篱笆，林妈妈忽然神色慌张地冲进黄家，冲荣发说：“老黄，出事了！出事了！”

“大嫂，别着急，有什么事进屋里坐下来再慢慢说，”荣发放下手里的活，然后转过身去吩咐道，“妹妹，去倒茶。”

然而林妈妈似乎一秒钟也等不了了，抓住荣发就说：“老林被保安司令部抓走了！”

荣发一听这话，也慌了手脚，急切地问道：“怎么回事？大嫂，你慢慢说！”

“我也不知道是怎么回事……刚才保安司令部来了辆吉普车，从车上下来两个人，他们到家里一问林伟在不在家，就把他带走了。”

荣发愣在院子里，半晌不知怎么接话。如果林伟是被保安司令部找去的，多半是有涉“匪”嫌疑。虽说与林伟相交多年，彼此知根知底，但在这兵荒马乱的年代，谁知道谁会干些什么，更不知道自己会不会受到牵累，从常理上说，肯定是先明哲保身为好，但面对林大嫂焦急的神情，似乎也顾不得那么多了！

“大嫂，这事急也急不来的，我们得先弄清楚他们为什么要抓林伟，”荣发沉思了少顷后说，“不如我先陪你到老戴那儿去问问，他朋友多，交游广，也许认得保安司令部的人，可以托里面的人去打听打听。”

两人当时就出门找到了老戴。老戴听完事发经过后，沉吟道：“据我推断，事情应该还不太严重。你们想呀，保安司令部的人没有搜家，表示可能只是带老林去问话。最近孙立人兵变一案闹得很凶[注]，牵涉的面也很广，老林是青年军的，属于

注：孙立人兵变案，又称郭廷亮“匪谍”案，事发于1955年。当时台湾前陆军总司令孙立人部属郭廷亮被指控预谋发动兵变，当局便以此为借口，宣称孙立人“纵容部属武装叛乱，窝藏‘共匪’，密谋犯上”，将他革职软禁。孙立人部属受此牵连下狱的，有多达300余人。

孙立人旧部，有可能是因此被找去问话的。”

老戴这一番分析，让林妈妈和黄荣发甚觉在理。因为林伟只是响应“十万青年十万军”的号召，在团管区当干事，做的也是无关紧要的工作，更与孙立人等上层将领八竿子打不着。这么一想，两人多少松了口气。

“不过，你们也要做好最坏的打算，”哪知老戴话锋一转，说，“譬如老林最近有没有散布过什么时论，或者批评‘政府’之类的？你们自己有没有进行过附和？要知道进了那里，不为自己编织些理由，是很难出来的。”

荣发回想了一下，肯定道：“没有啊。我们平时在一起，聊的可都是家常事呀。”

老戴说：“没有就好。我会找朋友去打听一下，希望老林这次真没什么事。”

然而事情并未如想象中那么乐观，老戴那里没问出什么下文，林妈妈也跑过保安司令部许多次，直到两个月后，才获准与丈夫见了一面，却被告知案件还在审查中。再后来，还是戴伯伯托了好大的人情，终于找到了一个与管理这个案子有些关联的人员，也问了些详情。

戴伯伯对林妈妈说：“老林的案子，实际上是查无实据，不过现在保安司令部的态度是宁可错杀，不可错放，你们只能自认倒霉。”沉思了片刻，戴伯伯接着道：“不过老林在里面那么久，始终没在他们编造的口供上签字，也没乱咬任何同事和友人，所以保安司令部不能也不愿结案。”

“这不就是‘莫须有’吗？还有没有王法！”林妈妈气愤地骂道。

戴伯伯意味深长地说：“老林有骨气，只要将来能出来，一定会有人照顾他的。”

所幸案件拖了将近一年，林伟终于被放出来。林伟回到家里，第一件事是把他挂在墙上的戎装照片取下来，撕成粉碎。林妈妈及子女在一旁看着，都默不作声。

最后林道和鼓起勇气对父亲说：“我将来读法律，不再让人欺负我们。”

林伟听到这话，从椅子上跳起来，声色俱厉地说：“不许！”看着被吓呆的道和，林伟知道自己过于激动了，马上转变声调解释道：“我不许你们读军校，也不许念文科，只可以读理工科，毕业后最好都出国。”

的确，林伟此次的冤狱，不仅影响了他个人，也影响到了下一代。

第四章　客舍似家家似寄

（时间：1958 年）

1. 高中

林伟在客厅里和黄荣发下象棋，道和从外面回来，叫了声“爸爸、黄伯伯”，就到房间里去做功课了。

荣发感叹地说：“道和真好，功课好，品行好，不像我们家小龙，除了给家里添麻烦，什么都不行！”

林伟叹息道：“明年要考大学了，希望他考个好大学。不过他想学法律，我不同意，希望他读理工科，而且将来出去留学。你也了解，孩子们要离开这里，都得靠他们自己努力，我们是帮不上忙的，尤其是我。只有念理工科才是真本事，去国外留学容易，也不会受不白之冤。”

荣发听出来了，林伟的最后一句话才是重点。可是仔细想想，他的话不是没道理，住眷村的人，尤其是底层的，无权、无势、无钱、无人脉，要想走出眷村，都得靠这些娃儿们自己。道和会读书，没问题，可小龙呢？希望明年他考进军校，这样学费及生活费都不必负担了，以后出来也有保障，就是不晓得进不进得去？今天还接到学校通知，明天上午要到训导主任那里开会，不知道这惹祸精又闯什么祸？

第二天从学校回来，黄荣发面色凝重地坐在客厅里，旁边摆了根木棍，家里笼罩着一种沉闷的气氛。黄妈妈小心翼翼地给他端来杯茶，不敢出声，独自躲到厨房里洗碗，实际上是在偷听外面的动静。两个女儿今天也乖乖地在房间做功课，只有小弟不知天高地厚，还跑去向父亲要钱去参加班上的旅行。荣发不耐烦地冲着小儿子吼道："钱、钱、钱，只晓得要钱，跟你妈妈要去！"黄妈妈赶紧在厨房招呼道："小虎，到妈妈这儿来拿。"小虎则一头雾水地不明白平日最疼爱他的父亲，为什么会一下子变得这样凶？

荣发的眼前不由又浮现出下午被"请"去学校的情景。当时在教员办公室内，除了训导主任及级任导师外，还有另一位家长，当自己诚惶诚恐地坐在他们对面时，训导处刘主任先问道："黄先生，你这几天看到黄龙吗？他已经有三天没来上学了。”

荣发避开刘主任的目光，慎思后答道：“我昨天还见到他的，以为他每天都上学呢。我今天回去一定好好教训他一顿。”

其实黄龙已经有好几天没回家了，因为这不是他第一次逃家，所以荣发也没放在心上。

但接下来的话，却让荣发大吃一惊，刘主任说：“三天前，他捅了这位陈先生的儿子陈信雄一刀，陈信雄现在还在医院。既然你能找到他，那最好，因为我们也不想把这事闹到警察局，能够私了最好。”

荣发察觉到学校也想大事化小，小事化了，因为这会影响到学校的声誉。想到这里，荣发的胆气又壮些，说道：“黄龙应该不会无缘无故地动刀的，不过事情既然发生了，我们会负责任的，就看陈先生及学校的意思了。”

陈先生一听这话，几乎跳起来，面色铁青地说：“真是有其父必有其子，难怪黄龙会行凶了。”

荣发也毫不示弱，反唇相讥道：“如果你儿子好，黄龙会去捅他一刀吗？”

眼看双方父亲就要在办公室里撕破脸，刘主任连忙打圆场道：“这件事的原委，学校方面已经查清楚了，属于双方都有责任，但黄龙不该用刀，所以学校不能再留他，只有请他转学了。当然，事情是陈信雄首先挑起的，等他回校后看他态度，再作处理。至于医药费嘛，你们两家自行商讨解决，学校不加干涉。”

这话软中带硬，如果陈先生狮子大开口，学校对陈信雄的处分就可能从严，所以双方父亲的商议结果是，由黄家赔偿陈家医药费 3000 元，尽管这已超出了荣发的承受能力，但也只有接受了。

刘主任送走黄、陈两人后，不觉松了口气。现在的学生难教，当训导主任尤其是难。像某中的训导主任还被学生打伤住院，可为养家糊口，又不能不做。其实最难的还是驯化工作，前几年，好多高校老师及学生都被抓，身为训导主任的几乎夜不能眠，成日提心吊胆。

荣发垂头丧气地走回家，心中一直寻思这 3000 元的来处，走着走着，抬头一看，是林伟家，心中一股闷气，正愁着没地方倾诉，就推门进去，想听听老朋友的意见。

当荣发将儿子在校闯祸的事告诉林伟后，林伟默不作声，回到房间拿了 1500 元给荣发。林伟不理会荣发的推辞，正色道:“朋友就是要在患难时互相帮助，先不说在我被保安司令部扣留的那段日子，你帮了我家里多少忙，就说去年刘自然事件时，黄龙救回道和的事，我也该谢谢他的。”

林伟说的刘自然案件，也是台湾的一件大事。原来美军顾问团上士罗伯特·雷诺在台北市阳明山其住宅门前，将国民党少校军官刘自然开枪打死，由于台美间有“外交”协议，美军在台官兵及其眷属享有“外交豁免权”，美方军事法庭宣布雷诺枪杀刘自然系“误杀”，并以“罪嫌不足”为由判决雷诺无罪，当庭予以释放，此事在全台湾引起轩然大波。一时间，美国在台湾的办事机构前聚集了万余民众，并有各学校学生闻风加入，道和也参加了这一行动。

当时，黄龙所在学校的刘主任在校门口拦截本校学生的列队外出，就该校本身而言，是避免了一场灾难，所以刘主任认为要不是他处理得当，就可能出大乱子。但刘主任虽阻挡住了部分学生的前往，但黄龙等少数学生还是翻墙出去，加入抗议民众的行列，并凑巧在现场见到了道和。

聚集在美国在台湾的办事机构前的民众人数转眼已达三万多，他们除围攻美在台机构外，也包围当地警察局，强烈要求释放因此事件而被捕的民众。此时军警开始开枪，除打死三人外，还打伤四五十人，抓捕百余人。当局方面甚至连夜调入三个师的正规军，立刻对台北实施军管，这才使事态得以平息。

就在军警开枪、施放催泪弹及开始抓人时，道和也被流弹击伤了腿部，行走不便。黄龙一看急了，背起道和就跑。幸亏路熟，七转八转地跑了十几分钟，到达安全地带后，黄龙将道和放下，所幸检查下来只是皮外伤，并无大碍，两人这才回到眷村。

林伟得悉此事后，狠狠责罚了道和一顿。林伟现在是惊弓之鸟，很怕儿子步自己的后尘。总算黄龙带道和回了家，没留下什么后患，所以林伟对黄龙一直心存感激。

林伟又对黄荣发说："我现在一家建筑公司帮忙，待遇比在团管区好多了，所以你不必担心我的经济能力。"

原来林伟放出来后，那份团管区差事也没了，幸亏有友人帮忙，找了这份工作，荣发便不好再推辞，于是说了声谢谢，便收下了这1500元钱。

2. 逃家

黄龙蹑手蹑脚地进了大门，想转身溜进旁边那小房间，突然听到父亲大声吼叫："黄龙，你过来！"

走到父亲跟前，黄龙还没来得及开口，就已看到父亲拿了根棍子，往自己身上招呼。出于本能，黄龙一边伸出手臂护住头部和面部，一边转身就想往外逃。

"你造反了，还想还手！"荣发吼道，"你给我跪下！"

黄龙迟疑了一下，终究跪了下来。荣发举起棍子，没头没

脑地往儿子身上暴打。黄龙双手抱头，匍匐着趴在地上，任凭父亲怎么打都不吭一声。

黄妈妈则在一旁哭喊道:“不要打了！不要打了！再打会出人命的。”

“叭”的一声，木棍竟然断了。荣发拿着那根头上尖锐的断棍，还没罢休的意思，黄妈妈只得扑倒在儿子身上，叫道:“你要再不住手，就先打死我好了！”

黄龙的两个妹妹及幼弟也跟着此起彼伏地哭喊道:“爸爸，不要打了！爸爸，不要打了！”

荣发也的确打累了，丢下棍子，坐到椅子上直喘粗气。黄龙满身血污地躺在地上，不能动弹。黄妈妈心疼地对着荣发喊道:“你看你，把儿子打成什么样子了！你要把他打死了，我也不活了！”

荣发这时缓过气来，说道:“还是看看你儿子吧，我打了他半天，他连哼都不哼一声，真是气死我了！”荣发看着眼前的儿子，其实心里也不好过，因此后面的话便柔和了许多:“小子，我现在如果不好好教训你的话，将来你恐怕连哭的机会都不会有！”

黄妈妈也泪眼汪汪地捶了儿子一下，抱怨道:“小龙，你为什么就不能替爸妈争口气啊！”

黄龙在家歇了一星期，身上的皮肉伤才稍有好转。但这次和同学的冲突，对黄龙最大的损伤是被学校勒令退学，而又一时找不到愿意收留他的其他学校。于是他被父亲整天关在家中，不得外出。

这天黄龙耐不住，趁父母都不在的空档，偷了母亲收藏的菜钱，溜了出来。黄龙先到村口小店买了包烟，然后站在店门口，正犹豫着该往哪儿去，却忽然看见季家小妹过来了，便灵机一动地招呼道:“小妹，你帮我个忙，去把道和哥找来，说我在村口的大树下等他，不过别让他家里人知道。”

道和的大姐很喜欢季家小妹，从小就带她玩，所以小妹跟道和家很熟。小妹听了这话，兴奋地回应道:“嗯，小龙哥，我这就去。”

一会儿，道和见到黄龙，先是惊讶地问道:“听说你被你爸打个半死，怎么出来了？”村子里是没秘密的，黄龙的事早就传开了。

“我现在翘家，身上念鄉，所以要找你出来挡鄉，才好跑路啊！”黄龙一急，一连串的唇典(黑话)脱口而出。

道和与黄龙处久了，有些黑话也听得懂。看到黄龙脸上的怒气，道和面有难色地回道:“你又不是不知道我情况，我哪里会有钱啊！”

“这个我知道，我没有找你要钱的意思。我现在不方便露面，只得托你去找立德，叫他想想办法。我明天晚上七点钟在这儿等你。”黄龙皱着眉头说道。

就在黄龙从立德处拿到了些钱，可以逃家去混太保以后，另外一个小学同学刘菲，却也有幸（或不幸）遇上了黄龙，从而对几个同学的命运产生了影响。

虽然穿着学校的白衣黑裙，但刘菲裙子的长度，就在膝盖上下游离，见到教官时，往下扯点，就符合裙长过膝的规定了，白衬衫的领子也稍微向上翻一点，头发虽也符合“发长齐耳”的规定，但因为有些天然卷曲，所以刘菲不论在哪里，看起来就是与众不同，这也给刘菲添了许多不必要的麻烦。

刘菲经过长春路口时，特地绕道而行，因为那里常常聚集着三五个不良少年，看见男学生走过，就拦下来要借钱；而女孩子走过时，不免会被吃吃豆腐。哪晓得那天尽管绕行了，刘菲还是遇见了三个穿着紧身卡其布校服，头戴着大盘帽的高中学生，因为对方的帽檐压得很低，连面孔都不太看得清楚。

见刘菲走过，三个高中生嬉皮笑脸地晃过来，中间的高个子率先说道：“小姐，你好漂亮，我请你看电影怎么样？”

刘菲仄过脸，不予理会，想绕过去躲开。谁知对方仍如影随形地拦在前面，刘菲急得要哭出来，那三人更是得意。正在这时，从那三人后面又走来一个人，他见是刘菲，“咦”了一声，然后叫道：“刘菲，是你啊！好久不见！”

刘菲在慌乱中定睛一看，依稀认出了来者正是黄龙，赶紧应道：“黄龙！”

那三人回头一看，马上“龙哥、大哥”地叫个不停，高个子还说道：“对不起，不知道是龙哥的马子，下次不敢了。”

黄龙笑笑，对刘菲说道：“现在没事了，我送你回家吧。”

刘菲惊魂甫定地对黄龙说：“谢谢你！若没你及时出现，我都不知道该怎么办了！”

“呵呵，怎么我每次碰到你，你都是被人找麻烦？”黄龙说。

刘菲不好意思地笑了笑：“我也不知道为什么，而且居然都能碰到你。”

“可能是你长得太漂亮了。”

“你不会觉得你是在英雄救美吧？”

“哪里，应该是狗熊救美还差不多，你不记得我上次被打成狗熊样了？”

刘菲想起上次黄龙被打的那个惨状，很不好意思地低下头，轻声地说道：“谢谢你。”

“小事一件，说什么谢呀，”黄龙反倒尴尬起来，进而说道，“要不我以后每天接你放学，也省得再遇上这种麻烦了？”

“那不行，给老师或者同学发现了就不得了啦！”

“这有什么好怕的。不过既然如此，我就不去校门口了，而是在这里等你，免得给你添乱。”

刘菲迟疑着，不知如何回应。看着黄龙这张轮廓很深的脸，和他所流露出来的桀骜不驯的神态，刘菲的心跳不由骤然加快起来。

黄龙等不到刘菲的回答，就自言自语地说道：“就这么说定了，我每天的这个时候，在这个公共汽车站等你。”

刘菲仍然不置可否，只是疑惑地问道：“那你不要上学了吗？”

黄龙耸耸肩，装出一副满不在乎的样子：“现在还没找到学校，也许未来去读军校吧。”

以后，黄龙果真每天去车站等刘菲，陪她走到距家附近的巷子口再分手。第一次护送时时，黄龙走着走着，就掏出一支香烟来，刘菲见状，惊叫道：“哎哟，你还会抽烟！”

“是啊，抽烟，怎么啦？”黄龙显出一副茫然不解的样子。

刘菲责怪道：“如果你现在抽烟被别人看到，还不知道以后人家会怎么说我呢。”

黄龙环视了一下四周，一边收起香烟，一边喃喃自语道：“哈根儿（抽烟）又不是什么坏事嘛。”不过他再次与刘菲在一起时，就没再从口袋里掏烟。

头两天护送时，两人聊聊小学时的朋友、老师及其他趣事；后来没话题了，就聊两人的家庭和亲人；再后来，实在没得聊了，就天南地北地无所不聊了。这样沿着大马路走久了，刘菲总有意无意地感觉到路人们投来的异样眼光，于是他们开始绕着小巷子穿行。

夕阳西下，辉映着巷子的家家户户。红门、绿门、竹篱笆门，砖墙、水泥墙、竹篱笆墙，张寓、刘寓、钱公馆，各式各样的门牌；院子里的香蕉树、芭喇树、椰子树、喇叭花、玫瑰花、杜鹃花，形形色色，偶尔透出几句主人家的话语，叫吃饭、骂小孩，刘菲都觉得好温暖。她凝视前面行人的影子，拖得好长，再回望自己与黄龙的影子，并排移动着，甚至还有部分叠合在一起，不觉脸上微烫起来，好浪漫！

有一次，两人有一搭没一搭地聊着，刘菲忽然转脸看着黄龙，问道：“你每天不上课都在干吗？”

“我吗？”黄龙仰起脸，似笑非笑，“哦，没事时打打弹子，跟哥儿们聊聊天呀。”

“除了这些呢？”

“假如哥儿们在外惹事，或者被人打了，我就代他们出面谈判，或者开片去找回面子。”

面对黄龙自鸣得意的样子，刘菲的心里有些复杂，甚至有些害怕。她知道这不对，但又有些莫名的崇拜，归纳下来，就是不知彼此的关系如何发展下去。

这样的日子维持了两个多月。那天刘菲刚到家，就被坐在客厅的父亲刘国勋叫住了：“你过来一下，爸爸有事要问你！”

刘菲心里七上八下地打鼓，不知道是什么事。

父亲板起个面孔地问道：“你最近是不是交男朋友了？”

“没有，没有啊！”听到爸爸开门见山的问话，刘菲把头摇得像拨浪鼓似的，同时窥视了母亲一眼。

哪知母亲也收起平日的慈祥面容。“还说没有！最近很多人都看到你跟个小太保在一起呢。”她一脸严肃地责备道。

看来事情是瞒不住了，刘菲只有解释说：“哦，那是我小学同学，因为我每次回家，都有些小太保找我麻烦，所以他陪我走一段，就没人敢来啰唆了。”

父亲冷冷地加上一句：“这样说来，他是大太保了？”

母亲也说道：“我们不是反对你交男朋友，不过你明年就要考大学了，现在是紧要关头，不能分心；而且挑男朋友总得讲个门当户对，正正经经的，这种乱七八糟的就不要考虑了。”

刘菲不服气地辩解道：“什么乱七八糟的，他是我同学，又不是我男朋友，而且他是来帮我忙的，你们不要乱猜！”

母亲哼了一声，说道：“那好，从明天起，我去接你，就不要麻烦你同学了。”

然而黄龙并未看到刘妈妈接送女儿的样子，因为第二天，他正在西门町的弹子房玩台球时，只听得有人在喊：“快点翘头，条子来了！”黄龙在最外面一台，连手里的烟还没来得及掐掉，就被台北市警察局少年组逮了去。

黄龙因为没犯罪，又不是在校学生，所以只在警察局待了三天，就被荣发保回家了。但他在那里还是受了些苦，譬如屁股被脚底板抽打得几乎不能触碰，充分领受了警员们的厉害。可黄龙一声不吭，不像有些人，一进去就什么都喷出来，甚至无中生有地编造些假口供，以求自身少受些苦。

黄龙回家，少不得又是遭父亲的一顿毒打。不过运气还算不错，他终于找到一所补习学校可以注册，也让他最后能拿到张高中毕业文凭，起码可以名正言顺地报考军校了。

3. 金门炮战

“八·二三”金门炮战开打，光华新村的居民们三五成群地纷纷议论，紧张中有期盼和害怕，还有些悲壮的情绪。

老戴断然地说："这里面肯定有'匪谍'，打死三个副司令，连'国防部长'都受伤，哪有那么巧的事！"

荣发叹了口气，接着道："幸亏蒋'总统'前一天离开，真乃福大命大。"

林伟站在一旁，不敢多言，大有"一朝被蛇咬，十年怕井绳"的意味，不过共产党真要来了，能往哪里走呢？这时他只听到黄妈妈的声音，她说："让男人全去打仗，女人集体跳海！"

林伟心想，有那么可怕吗？还有孩子们呢，上一代的敌对，需要延续到下一代吗？他们为什么要承受由此产生的恶果呢？

郭伯伯却兴奋地招呼他家那条黑狗："'回家'，我们快回家了，你高兴吗？"

"回家"不停地摇尾巴，汪汪地叫，绕着郭伯伯转。尹伯伯更勤快地擦他那樟木箱，而王伯伯有时会忘形地拿起他的被褥包，走到门口又走回去，放下。

炮战打了两个月，海战、空战也进行了几个回合。从10月份开始，有了单打双不打的规矩，热战变成了冷战。双方都向对方喊话，启动心理战术。播音喇叭取代了炮弹，但轰炸的强度、密度，丝毫不比炮弹逊色。

老戴这天照例在村中散步，经过小季家时，被对方一把拉住。“小季，什么事啊，这样神神秘秘的？”老戴诧异地问道。

小季往后面张望了一下，把老戴让进客厅坐下，然后悄声地问道：“你记不记得，跟我一起来台湾的少年兵中，有个叫小王的？”

老戴侧着头想了想，好像有那么点印象，反问道：“出什么事了吗？”

“小王跟我的情形差不多，也是在上学的路上被抓来当兵的。他家里父母都在，所以他想家想得不得了，”小季停顿下来，又张望了一下四周，才继续说，“这次他在金门当兵时，半夜抱个篮球胆，就想游泳到对岸去，没想到游了一晚上，上岸后说我要投诚，这才发现因为潮流的关系，又漂回了金门……”

说到这里，小季有点说不下去，喘口气，几乎哽咽起来：“他被判了死刑……两个礼拜前被枪毙了……有朋友告诉我说，在行刑前，照例可以喝杯酒，可当酒递到小王面前时，他拒绝了。小王说他怕喝醉了认不得回家的路，自己的灵魂要清清醒醒地回去！”

小季忍不住哭出了声来，老戴看着也心酸，其实谁不想家？他自己也在托人从香港转信至大陆，可到现在都没回音。

唉，谁没有家？谁没有父母？

4. 横贯公路

小季夫妇带了季小妹，拎了两瓶酒和一点水果，坐在老戴家的客厅里。老戴吩咐太太泡茶后，诧异地问道："小季，什么事啊？还带东西来！"

"戴大哥，我找到事了，要离开一段时间，以后家里的事要麻烦大哥大嫂多多照应了！"小季有点不好意思地回道。

"你找到什么事了？非要离开家里吗？"老戴问道，接着又说，"我们照顾阿兰、小妹是应该的，你不用担心。"

小季解释道："退辅会安排我去加入横贯公路的施工队，工期要两三年，所以今后回家的时间不会太多。"

老戴哦了一声，说道："这条从太鲁阁到东势的公路，已经开工一年多了，据说工人有一万多，几乎都是我们退伍军人。因为没有足够的工程设备，整条公路几乎是凭十字镐和炸药在推进着。如果炸药控制不当，常常会导致工人受伤，小季啊，你可千万小心！"

小季摇摇头，转过脸看着阿兰和小妹，眼光中有太多的不舍，然后再面对老戴，毅然说道："戴大哥，我没有一技之长，小妹又还小，我只能乘着年轻多赚点，免得他们将来受苦！"

第五章　山围故国周遭在

（时间：1962 年）

1. 魂归何处

随着岁月的流逝，生老病死的现象，在眷村里不断地轮回。有一次，王伯伯急匆匆地敲开戴伯伯家的门，叫声："老戴，快点，快点！老郭晕倒了，好像不行了！"

等王、戴两人赶到郭家时，只见老郭睡在地上，口吐白沫，手足已经有些僵硬了。"回家"守在一旁，眼睛里似乎透着绝望的眼神。

戴伯伯把手放在老郭鼻下，觉得还有些气息，连忙吩咐道："好像还有救，赶紧送'陆军总医院'！"

众人忙将老郭送进了医院。医生检查下来是患了脑中风，幸好抢救及时，命是捡回来了，但老郭却成了半身不遂。

没想到的是，还在送老郭去医院的途中，王伯伯望见“回家”居然一路追在车后，可是那时候救命要紧，不可能停下来。从医院回来后，王伯伯看不到“回家”的影子，便请大家帮忙寻找，结果找了半天了无踪迹。直到第二天清晨，有人发现了“回家”，而且从那时起，它就不吃不喝地守在村口，一直朝着医院的方向守望着。

看得出，“回家”已经非常疲惫了。王伯伯要领“回家”回去，可它就是赖在地上不走，王伯伯只得拿了水和饭到村口喂给它吃。

老郭出院回来的那天，车还在老远，“回家”似乎有了预感，耳朵突然竖起来，兴奋地奔向迎面开来的吉普车。老郭是坐着轮椅回家的，车刚停好，“回家”已迫不及待地叫起来，试图扑上车去。

当王伯伯半扶半抱地牵着老郭下车时，“回家”终于挨着主人的身体，不断摩擦着，低声地哼叫着。老郭的右边瘫痪了，但仍然努力地伸出左手，轻轻地抚摸着“回家”。他干枯的眼角也淌下了眼泪，然后费力地而口齿不清地说：“‘回家’，我会带你回家的！”“回家”的眼珠似乎也湿润起来。

回家后的老郭尽管努力地做些各种复健动作，可收效甚微。他坐在轮椅上，会无数次地对“回家”说：“你不要急！我会复原的，我一定要带你回家！”

13 岁的“回家”已步入了老年，而且经过郭伯伯这次病患的折腾，更显得老态龙钟，走起路来没精打采，摇摇晃晃的。不过每当王伯伯推着轮椅带老郭到户外散心时，“回家”虽然力不从心，但还是会拖着脚步勉力跟随着。

“回家”的状况总体上每况愈下，连大小便都开始失禁，忙得王伯伯时时刻刻都在为它清理。老郭坐在轮椅中，总是对王伯伯说着抱歉的话。王伯伯有时会笑着说：“不要说这些话，我也要带‘回家’到我老家去的呀。”

有时老郭会对着“回家”说：“你要挺住啊，我们约定过的，要一起回家，也要去王伯伯家。”

“回家”会趴在老郭的脚跟边上，摩擦着主人的裤管，像是答应了主人的诉求。

“回家”的情况越来越差，连路都不太能走了，就在地上爬着、拖着，多数时候还双眼紧闭，对外界的声音都没什么反应了。

那天王伯伯到门口小店买东西时，老郭突然在家哀号，邻居们知道一定是他家“回家”走了。事情也的确如此，只见“回家”依偎在老郭的怀里，呼吸已经停止。老郭的声音好凄凉：“‘回家’，你怎么先走了？我还要带你一起回家的，你怎么可以不守信呢？你又不认得路，怎么回去啊！你为什么不等等我呀！”反反复复地喊道就是这么几句话，惹得大家跟着难受，却没有一个人上前劝慰，许多人甚至眼眶也湿润起来。

李有志父亲李政，拿了把铲子回到老郭的院子里开始挖掘，许多人见了，纷纷仿效起来，不一会儿，院子里挖出了个大洞。尹伯伯从家里捧来了他那只宝贝樟木箱，王伯伯接过箱子，对老郭说：“老郭，你就让它入土为安吧。”

“回家”终于被安放在樟木箱里，一同放置进去的还有“回家”平日睡觉的垫子和被子。

半个小时过去了，院子里新起了一个小土堆，上面竖着块小木牌，书有戴伯伯的手迹：

“回家”安息之地　一九四九年至一九六二年二月

“回家”的离去，仿佛也将老郭的魂魄一起带走了，以至于他的健康状况急剧恶化，而后由感冒引起了肺炎的并发症，只有住院。老郭在本地无亲无故，王伯伯就在医院日夜陪护。

郭伯伯躺在病榻上，咳了两声，王伯伯连忙走过去问道：“你是不是要喝口水？”

郭伯伯轻摇了下头，有气无力地说：“谢谢你，老王。”然后转过头去，不想让王伯伯看到他眼眶里的泪水。

王伯伯笑道：“说什么谢呀，我们都是只身在台，不互相帮忙，谁来帮我们？”

老郭稍后转过头来，伸出手，和王伯伯的手紧紧相握。

王伯伯问道：“你要什么？”

老郭摇摇头，郑重地说道：“老王，趁我现在还清醒，我想请你替我办件事！”

“你说，我一定替你办到！”

“我看来是不行了，想请你把我的骨灰带回老家，同时把‘回家’也带回去。”

“老郭，你放心，我一定替你办到。不过，你要挺住，会好起来的。”

老郭的嘴角上扯出了一丝笑意，又转回头去，让眼泪痛快地流下来。他流得太过纵情，以至于没有留意到王伯伯脸上的泪水。

三天后，老郭因病去世。王伯伯把老郭的骨灰带回家中，也将“回家”火化了，两盒骨灰都放在客厅里的一个木架子上。王伯伯对着骨灰盒说：“你们放心，我一定会带你们回家的，我还会带你们去东北的！”

只是从那天起，王伯伯再也没有每天打被褥包了。

2. 大学

黄妈妈看着院子里的瓜藤和蔬菜，吩咐丈夫道：“明天去买些菜籽及幼苗来，这些现存的受台风侵袭，即使能存活下来，也都老化、受伤，没办法收成了。”

“我们也都老了，要靠他们年轻人了！”荣发有所联想，叹道。

“还好小龙进了军校，我们不必再为他烦恼了。只希望他别惹什么事，顺顺利利地毕业，就是老天保佑了！”

荣发没搭腔，眼睛遥望远方，但心里祈祷的是同一件事。

此时的立德在南部读大学，他接到黄龙来信，说是本周末要过来和他见面。过了两天，当立德打开宿舍房门见到黄龙时，几乎不敢相认。黄龙着一身草绿色的军服，擦得发亮的金色一条杠领章，军帽沿儿下是张英气勃发的脸庞，整个人好像脱胎换骨一样，再也不是以前街头上的太保了。

面对立德惊讶的样子，黄龙爽朗地笑道："没想到吧，我现在是少尉排长了。"

立德还是一脸茫然，黄龙继续解释道："我原来要考军校的，但又怕受不了这四年军训的苦，尤其是学长制，假如碰到以前扁（打）过的小子，而他又是学长的话，我岂不被整死，所以没去。正巧陆军办了这个后补军官班，只要受训一年半，又没学长，于是我就去参加了，现在成为正式的少尉军官。"

"走，我们出去喝一杯，为你庆祝庆祝！"立德欣喜地握着黄龙的手，大声道。

在附近的一家小面店里，两人叫了盘卤菜，开了两瓶啤酒，闲聊起来。

"你明年就毕业了，有没什么打算？"黄龙问。

立德叹了口气，回道："我也不晓得该干什么，反正先服一年兵役再说。我们学文法的，到美国也没出路，只能留在台湾，若能找到个老师职位就不错了！"

"好像有志跟道和都准备出去？"

“他们都是学理工的，应该没问题吧。”

“听道和说，他好像因为父亲的关系，安全资料可能有问题，身份证件不一定办得下来，而且费用也是个问题。”

“碰到这种事情，谁都没办法，只有走一步算一步了，”立德又换了个话题，问黄龙，“你跟刘菲现在怎么样？”

黄龙愉悦地笑起来，说道：“她现在应该算我女朋友了。当兵之前，我们几乎天天见面；这一年多来，我也是一有休假就回台北见她。”

“怪不得去南部一年多，到今天才来看我，真是重色轻友！”立德打趣道。

黄龙不好意思地打着哈哈：“所以我托道和照顾她，他们俩在同一个学校，见面也比较方便，而且可以替我打掩护，免得她家里老找她麻烦。”

其实这个时候，刘菲正伴着道和走在学校的林荫大道上，见到熟识的同学，点点头，打个招呼，心里很轻松，完全没有压力。

相较于以前和黄龙在一起时，几乎所有同学都会在背后指指点点，或者用异样的目光回头张望。那时，可能全校的人都知道她刘菲有个太保男朋友，类似于一朵鲜花插在了牛粪上。

尽管开始时由于幼稚或者冲动，她可以满不在乎；甚至出于叛逆，她还觉得这是一种时髦，偏要和黄龙走得很近。然后人终究是要成长的，尤其是进入了大学，看到别人都是美女配才子，让人羡慕，她的心理慢慢失衡了，再想起黄龙时，总有些说不清楚的感觉。

有一次，同寝室的小王试探地问她："你那男朋友是哪个学校的？"

刘菲忽然不耐烦地回道："嘉里敦大学！"

"什么大学？"小王没听明白，又问。

"家、里、蹲、大、学，"刘菲一个字一个字地回道，见对方目瞪口呆的样子，她心里竟涌起一抹恶作剧般的快意，"他是我小学同学，还救过我两次呢。"

事实上，对于个人的私事，刘菲一向懒得和旁人多作解释，包括自己的父母。当初也因为父母的强力反对，刘菲才暂停和黄龙的交往。所以一考取大学，她立刻要求住校，就是为了免除父母的监管，争取更大的私人空间。再怎么说，黄龙尽管读书不好，但他像个男子汉，负责任，有担当，还不乏霸气，岂是那些躲在象牙塔里的乖宝宝所能想象的。

记得刚进大学没多久，不知道黄龙是从哪里打探到的消息，居然让他在学校里找到了刘菲。黄龙也不多话，就招呼了一声:“哎,刘菲,我请你吃饭!”

没等刘菲答应,黄龙就独自往校外走去。刘菲也就无可无不可地跟了出去,毕竟有好长时间没见面了,私心里,她还是很愿意了解一下他的近况的。

两人在学校外的小饭馆里随便吃了点东西,就绕着校园散步。他们聊聊学校、聊聊同学、聊聊家庭、聊聊个人,也聊聊黄龙的江湖见闻,转眼都绕了三四圈了,似乎还意犹未尽。

两人又走进校园,见别的情侣也在散步,卿卿我我挺亲热的。刘菲偷偷瞄了眼走在边上的这个男生,高大魁伟的身躯,浓密的眉毛下,呈现出一付桀骜不驯的神态,于是暗自思忖,其实有这样的男朋友也不错啊!刘菲心里这么想,身体便不由自主地靠向黄龙。黄龙觉察到了这一细微变化,突然伸手搂住刘菲的肩膀。刘菲吃了一惊,本能地往外让一让。黄龙却将手臂一紧,把刘菲拉得更近了。刘菲微微扭动着,就放弃了抗拒。两人就这样依偎着越走越慢,静静地享受这甜蜜的时光。等到刘菲说她要回宿舍时,黄龙干脆转身拥抱住刘菲,轻轻说道:“刘菲,我喜欢你,我要你做我女朋友。”然后强吻了仍在愕然状态下的刘菲。

黄龙去当兵了,虽然一有假期就赶回来同刘菲约会,可毕竟聚少离多,唯一的好处是两人为了避免干扰,都选在较为僻静的地方见面，也免去刘菲被人指指点点的难堪。黄龙又请道和就近照顾刘菲，同时也有让道和当他眼线的意思。却不料刘菲与道和走在一起，竟然有出乎预料的轻松，是一种完全不同的感受。

当刘菲正享受大学生活的乐趣时，尤美琪也考进一所公立大学，且同小学同学方锦芳又成了同窗，但大学生涯对美琪而言，却是别样的滋味。

“美琪，你在这儿发什么呆？同学都走光了，要不要跟我一起走？”尤美琪坐在教室里，回头见是方锦芳。美琪笑笑，拿起桌上的两本书，随锦芳走出了校门。

锦芳又问：“你坐几路车？”

美琪神情迷惘地反问道：“什么？你说什么？”

“你今天怎么啦？神不守舍似的，是不是交男朋友了？”

“我哪来的男朋友呀，不过是昨天刚搬完家，今天有点迷迷糊糊的。”

锦芳“哦”了一声，问道：“你怎么又搬家了，不是刚搬过吗？”

美琪苦涩的笑容里，含有几分勉强，也有几分无奈。“是啊，房子越搬越小，车子越坐越大，路程是越来越远。”她答道。

锦芳怜悯地看着美琪，美琪家刚搬来台湾时，是何等的气派，家里四五个佣人，可如今……美琪忽然叫了声“锦芳”，就低下头，欲言又止。锦芳诧异地追问道：“有什么事吗？”

美琪又犹豫了少顷，方才说道：“你家不是有个大宾馆，可不可以帮我安排个夜班的工作？”

“你白天上课，晚上再打工，吃得消吗？”锦芳回道。

美琪苦笑了一下，轻声说道：“你也晓得我家现在入不敷出，我这个学期的学费都是靠我妈妈拉了一个会，她当会首，收了些首会的钱，才应付了我和弟弟妹妹的学费。我本来想辍学去工作的，但家里说只剩下最后一年了，一定得撑过去。不过现在每个月付会款都成问题，我怎么可以不理呢？即使不得已需要休学，我也非做不可！”

“好吧，我一定会替你安排的，尽量给你排在下午四点到十二点的班。”锦芳答应道。

3. 西门町

刘菲也见过黄龙的一些哥儿们，却委实被他们满嘴粗话及大嫂的称谓给吓住了，所以她和黄龙约法三章：有他哥儿们的地方，刘菲就不参加。黄龙表示理解，说是也不勉强你。

有一次，黄龙约了刘菲在东门町的宝宫戏院见面。电影正要开场时，突然字幕屏上打出“黄龙先生外找”的字样。黄龙赶紧出去，等他再回来时，就丢下一句：“有个哥儿们出事了，我得赶去帮忙。”将不知所措的刘菲一个人留在戏院里。类似的情况经常在两人约会时发生，黄龙总是解说道：“我哥儿们有事，不能不去啊。”

刘菲渐渐体会到，在混太保的人看来，哥儿们义气永远是排在第一位的。

台北西门町是电影院的云集地，也是当时台北最繁华的地段，更是年轻人聚集和闲逛的所在。这里鱼龙混杂，极易产生是非。

一天，黄龙一见到刘菲便说：“快点，今天我们到万国戏院去看《宾汉》。”

刘菲知道这是部热门影片，要老早去排队买票的，于是不由自主地问道：“你买到票了吗？”

“你别管，反正到那里就有票了，”黄龙不耐烦地回道，“快点，再晚就来不及赶七点那场了。”

两人赶到万国戏院后，往那里一站，真有黄牛上来问要不要票？黄龙点了下头，冲黄牛说：“我是龙哥，请你们老大来一下！”

一会儿，黄牛党的老大匆匆出现，见到黄龙，连忙叫了声:“龙哥，看戏啊，要几张票？”

黄龙掏出钱来，数了100元，递给对方说道:“就两张，给我好一点的位子。”

“龙哥要票，哪能可以收钱呢。”黄牛党的老大不知是假客气，还是真不敢收钱。

“拿去，多的给哥儿们买包烟抽！”黄龙依然将钱塞到对方手里。

等电影看完了，两人刚走出戏院大门，有个黄牛不动声色地转过身来，对黄龙说了声:“龙哥小心！”便迅速消失在人群中。

黄龙四下里张望了一下，拉着刘菲的手就往中华商场的方向跑。才跑了两三分钟，忽听得后面有人叫道:“往那边跑了！快追，别让他跑了！”

黄龙带着刘菲拼命地跑，耳边听到追兵越来越近，黄龙对刘菲说:“你快跑，找家大的店躲起来！”说完，他把刘菲往前一推，自己却返身面对追来的人。

黄龙看到街边有个卖面的摊位，端起锅热汤就往来人身上拨，然后抄起扁担和追兵对上，还不忘对摊贩说道:“我明天来赔你钱！”

黄龙且战且退，见对方的人越来越多，径直窜进临街的一家餐馆，从厨房里抢了两把肉刀别在身上，又拿了只锅子作盾牌，正要离开厨房时，对方也追进了餐馆。只是由于客人都往外跑，加上桌椅的阻挡，因此进来的人不多，而黄龙就守在厨房门口，也是易守难攻。双方才挥动了几下，警车赶到了，外面有人大喊："条子（警察）来了，翘头（快跑）！"

尽管最终得以逃脱，但刘菲已如惊弓之鸟，凡是人杂的地方，都不敢去。但跟道和在一起时，刘菲全然没有这层顾虑。这就是道和与黄龙截然不同之处，也为后来三人之间的关系演变，埋下了关键的伏笔。

4. 残

中横公路东起花莲县太鲁阁，西至台中县东势镇，是第一条贯穿台湾险峻的中央山脉，将东岸与西岸连接起来的横贯公路，蜿蜒近300公里。许多路段需要经过悬崖峭壁，于是开凿隧道，建筑桥梁，成了最常态、也是最危险的活。

"轰隆"一声，整片山岩瞬间被炸开。小季和老胡这个小队，就是等到尘埃落定，再拿起十字镐前去清除松散石块的。但如果悬崖落石或炸药量控制不当，后续意外受伤甚至致死的工人就不在少数。

收工后，老胡眺望着渐渐落下的夕阳，感叹道："真美！

据说公路完工后，我们也可以选择留在这里，在沿着公路开发出来的新农场中工作。那样的话，说不定我们就一辈子留在这里了！”

小季也拿出阿兰及小妹的照片，边看边说：“我可不想留在这儿，我老婆、女儿还等我回去呢。”

老胡掏出支香烟，点燃后，看着吐出的烟圈，悠悠地说道：“我可没你那样的福气，我就一个人在台湾。我出来时，也没带任何亲人的照片，也不知他们是死是活。看样子，现在是回不了老家了。我就是埋在这里，世界上也没一个人会在乎的！”

岂料天有不测风云，老胡的话竟一语成谶。那天，工程队遭遇塌方，老胡首当其冲，转眼被埋在土石下。小季虽然捡回了一条命，两条腿却致残了，后来在医院治疗了一年多，总算回到了家中。

老戴夫妻听说小季已经回家，忙赶到小季家去看望。老戴看着坐在轮椅上的小季，看着他下身覆盖着的毡子，而露在毡子外的裤管里却是空荡荡的，心里一阵酸楚，眼眶忍不住润湿起来。

小季爽朗地笑了笑，说道：“戴大哥，别难过。我还算好的，总归留条命在。我们死了三百多，伤了七百多，差不多十分之一的死伤，我只是运气不好，在那十分之一以内，但运气又不算太坏，没在那三百多人之内！”

老戴说：“我佩服你！往后有什么需要我做的，你尽管吩咐！”

“目前没什么要帮忙的，”小季仍沉浸在过往中，说道，“那时山上塌方，大石头滚落下来，我以为我完了，结果只被压断了我两条腿；而与我同队的老胡却不幸遇难，我想我比老胡幸福多了。”

再次想到老胡，小季只有一声长叹：唉，他现在埋骨青山，连坟都没一个！

然后小季调整了一下情绪，接着道：“在医院里，当医生告诉我说要截肢时，我很伤心。但相比我的邻床两只手都没了，比我还惨，我就想上天待我不薄，没在大陆战死、饿死，还让我再看到阿兰同小妹，我应该满足了！”说到这儿，小季将眼光投向阿兰及小妹，又转过脸，望着窗外的蓝天白云，是追忆，还是憧憬？或者更多的是强忍的悲戚？

小妹走过来，安慰父亲说：“爸爸，别伤心，你还有妈妈跟我呢。”

小季紧搂住女儿，哽咽道：“爸爸不伤心，爸爸还有你们。”

戴伯伯回到家里，看到邮箱里有封香港来信，迫不及待地打开后，得知是从香港转来的第一封家书，信是在大陆的大弟写来的：

大哥：

自从你走后，一直没有你的消息，母亲甚为挂念。老人家已于去年病逝，临终前仍汲汲以你为念。现我们知道你在香港，很高兴，希望你留在当地，能为社会主义祖国做出贡献。眼下国内形势一片大好，你不必挂念，以后也请不必再来信。祝

进步

弟有恒

这封信戴伯伯反反复复不知看了多少遍，最后小心翼翼地折好，揣入怀中。这时，他心里想的是唐朝刘长卿的两句诗：

寂寂江山摇落处

怜君何事到天涯

唉，真的是为了何事要远走天涯呢？

第六章　绮罗堆里埋神剑　箫鼓声中老客星

（时间：1967 年）

1. 恋与兄弟

黄龙退伍后，兴冲冲地赶回台北，出了车站，没看到刘菲；又多等了半个小时，确定她不会来后，才怏怏离去。黄龙先不急着回家，找了位兄弟，在他的住处安顿好行李，再赶往刘菲的学校。可在宿舍的传达室要求与刘菲见面时，黄龙才知道她早已搬回家去住了。

黄龙不愿到刘菲家自讨没趣，只得先回到光华新村，问问林道和再说。最近刘菲来信很少，去了三五封信后，才回一封，且寥寥数语，态度明显有变。他也曾去信问过道和，所得回复多半是语焉不详，今天正好可以去问个清楚。

荣发夫妇看到黄龙回来，心里有说不出的高兴。曾经是无可救药的浪子，如今虽说不上衣锦还乡，却至少是正式军官退伍。

黄妈妈兴奋地问道："儿子，你想吃什么，妈妈帮你弄？"

"我不饿。我还要找道和问点事呢。"黄龙回道。

"是请林伯伯帮忙找事吗？也不急在这一时呀！"黄妈妈两眼放光，可说话间，儿子已经走远了。

想不到当道和站在黄龙面前，却低着头，一声不吭，还不停地玩弄着自己的两只大拇指。黄龙看着心里直痒痒，突然叫道："你有病啊，自己手指头有什么好玩的，再这样小心我把它们剁了！"

道和顿时脸都白了，连忙把两只手藏在身后，惹得黄龙又好气又好笑地说："看把你吓成龟孙样，你是我兄弟，我还真剁你手不成！"然后缓了缓语气又问道："你是不是身体不舒服？"

道和摇摇头。

"那我问你刘菲怎么样？你都没句回话？"

"其实我也不大清楚，好像她爸爸妈妈不大让她出来，在替她办出国手续。"道和这才吞吞吐吐地回道。

黄龙被道和的态度与回话重新勾起一肚子怒火，横眉竖目地骂道:“妈的，不就多读了几年书吗？有什么了不起的！不过她真要断的话，也不必躲着我，当面讲清楚就行了，老子还会黏着她不成！”

“我想这都是她爸爸妈妈的意思。我现在也很少见到她。”

等黄龙离开后，道和马上乘车赶到刘菲家。面对曾经歃血为盟的大哥，他实在有愧于心。但道和自觉在无法两全其美的情况下，为了刘菲的将来，他只有背弃兄弟的情义了。对，是为了刘菲的幸福！

在刘菲家的客厅中，道和只有三分之一的屁股是坐在柔软的皮沙发上，他腰挺得笔直。刘伯伯露出满意的笑容，说道:“道和，刘菲跟你在一起，我们很放心。我不是说黄龙是坏孩子，但任何父母都不会放心自己的女儿跟太保在一起的。”

刘菲依偎在道和身旁，看着墙上挂着的一幅水彩画。一只小船停泊在静静的池塘边上，很美，很安详，也很有安全感。她又想起和黄龙在西门町那一幕，就像在惊涛骇浪中的船，永远都在提心吊胆，随时可能倾覆似的。当年是抱着崇拜英雄的心理，以为可以随着船长征服海洋，但出海之后，发现最终所要的只是个风平浪静、可以停泊的港湾。

“道和，你出国的保证金我们会替你准备的，至于身份证件，刘伯伯有个老朋友在安全局当处长，找他打个招呼应该就没问题了，”刘妈妈补充道，又问，“至于你和刘菲的婚事，是不是在台湾先办个手续？”

刘菲与道和对视了一眼，道和说：“如果我们办了结婚手续，怕领事馆以为我们有移民倾向，不容易签准。假如伯父伯母同意的话，我和刘菲想先订婚，到美国后再办结婚手续。”

刘伯伯想了一下，点头道：“这也好，就这么办。”

订婚仪式很简单，男方只有父母参加。订婚后的第二天，两人就一起乘飞机赴美留学了。

刘菲与道和走得悄无声息，黄龙是一点都不知道。听了道和的话，黄龙也没再找过刘菲，而且他退伍后，似乎更忙，很少有在家的时候。然而有一天，荣发终于等到儿子回家，便忙不迭地问道：“你最近在忙什么？找事有头绪吗？”

“我在替一家建筑公司做事，主要管人事。”黄龙眼睛没看父亲，嘴里却应承道。

“还不错，起码是个正经事。你读书不行，否则像道和一样，出国留学多好。”

黄龙露出惊讶表情：“道和出国了？我都不知道！”

“你也不知道？”荣发恍然大悟地解释道，“听林伯伯说，道和因为办身份证件有问题，还是他未婚妻家帮的忙，才办出来的。他们怕节外生枝，所以什么人都没讲，现在人到美国了，才敢说。”

黄龙更惊奇了：“道和有未婚妻？我怎么不知道！立德也没说，道和倒是挺守得住秘密的。”

“听说好像是你们的小学同学，叫刘什么的。”

黄龙一下子明白了，跟着脑中一片空白。他愣了好久，忽然一拳砸在窗子上，“砰”的一声，玻璃碎了一地，转眼有鲜血自手上淌落下来。“真是他妈的好兄弟！”黄龙骂完，转身离去。

2. 舞榭

华灯初上，台北西门町新加坡舞厅的舞女们，正陆陆续续地开始上班。今天丽娜没有做茶舞，懒得和这些客人应酬。本来钱大少打电话来，约她到中山堂附近的上海隆记吃晚饭的，被推辞了，但还是有熟客打电话给姚大班，预约晚舞时间。

丽娜坐在舞女休息室的化妆镜前，再画画眉、补补妆，心里有些无奈这酒绿灯红的日子。记得刚来上班时，是有些忐忑和羞惭的，可日子一久，什么都麻木，不再计较。不就是个职业嘛，求生活的方法而已。自己不是块读书的料，也没有什么其他的求生技能，只有进入这个最快捷、收入又高的行当了。

高跟鞋落地的声音，打断了丽娜的冥想，抬头见姚大班已到达跟前："丽娜，今天钱大少、田老板，还有菲律宾的庄老板，都买了你的钟，你怎么还在这磨蹭啊！"

丽娜没声好气地回道："就让他们等等吧，本小姐今天心情不是太好。"

姚大班看着丽娜，想起一年前初见时的那个青涩小丫头，如今演变成了明丽照人的红牌舞女，有羽毛渐丰，尾大不掉的势头，但她还是得柔声说道："别耍小姐脾气，这几位都是老客户，是我们的财神爷，丽娜，我们出去应酬一下吧。"

丽娜刚坐完钱大少的台，转到田老板桌上时，突然左角处的顾客中一阵喧哗，只听得有摔杯子的脆响，然后一个汉子大声说道："老子的钱就不是钱了？老子今天还非要叫丽娜坐台不可，去，叫你们仇经理过来！"

接着就是姚大班低声下气的声音，仇经理也赶过去，打躬作揖地赔笑脸。丽娜心知今天又有江湖人士闹场了，倒霉的还是自己。

姚大班领着丽娜到了那桌人马面前，首先介绍说："这是龙哥，丽娜，龙哥就是为你来的，你可要好好招呼哟。"

丽娜赶紧接道："龙哥，我是丽娜，以后还请多多关照。"

那个汉子其实就是黄龙，他打量了一下丽娜，感觉自己的气还未消。"关照什么呀！丽娜小姐面子可大了，哪需要我们这种人关照。”他说。

昏暗中，丽娜一边赔笑，一边请原来坐黄龙身旁的小姐让了让，就贴着黄龙坐下，然后叫服务生拿酒杯过来，倒了杯酒，对黄龙说道：“今天丽娜招待不周，不好意思，先自罚一杯……龙哥，我再敬你一杯！”

正要举杯时，两人四目对视，都“呀”的一声叫了出来，丽娜赶紧站起身来，而黄龙也把手放下，双方都呈现尴尬的表情。停了会儿，丽娜说道：“龙哥，我可以请你跳支舞吗？”

但黄龙和丽娜在舞池中并未走动，只是随着音乐摆动着身体。丽娜先低下头，尽量避开黄龙的目光。黄龙问道：“小妹，你怎么会来这里？这是你来的地方吗？”

原来丽娜就是季家小妹。丽娜终于抬起头，直视黄龙道：“小龙哥，为什么你可以来，我就不能来？”

“我是人在江湖，身不由己，而且我是男的，不会吃什么亏的。”黄龙回道。

“我会保护好自己的，”丽娜说，“你也知道，要从我们眷村出来，只有读书好，才能出人头地，否则男的可以读军校，或者……”

黄龙明白丽娜后面的意思，接着她的话说：“或者像我一样，出来当太保，混帮派！”

“小龙哥，这可是你说的，我没说。不过像我们女的，天赋好的，碰上机会可以当影星、歌星，可我看到书就头痛，又无一技之长，要想赚快钱，就只有当舞女啦。”

黄龙看着这刁钻的丽娜，颇有无可奈何的感觉。“你爸爸妈妈还好吧？”他转换了个话题，问道。

小妹低下头，黯然地答道：“就是因为爸爸行动不便，我才下海的。”

黄龙忽然对丽娜有些另眼相看。父母有困难，作为女儿要挑起家庭生活的重担，这份勇气和毅力，就不是常人能及的。

“那他们知道你在这里上班吗？”

“哪能告诉他们，我只说找了两份工，要上夜班的，所以和朋友合租了房子。好在爸爸妈妈不方便出来，所以没被拆穿，反正瞒得了一时是一时，到时再说了！”

黄龙和丽娜刚回到座位不久，姚大班就来请丽娜转台了。听着丽娜越行越远的高跟鞋声和装腔作势的笑语声，黄龙觉得小妹长大了，而且长大得自己都要仰视着她了。

自从刘菲不告而别后，黄龙难过了好长一段时间。但这次见到小妹后，他惊讶于小妹的女大十八变，出于对小妹的同情，也是被小妹的姿容所吸引，黄龙成了新加坡舞厅的常客。

不仅如此，黄龙还介绍小妹认识了张立德。

大学毕业后，张立德当了一年少尉预备军官；退伍后，先在花莲教了两年书，然后转到台北，预备在这儿找份差事。立德与黄龙时而见见面，保持着联络。

“我找到份还不错的事，是家贸易公司，”这天，立德高兴地对黄龙说，“这家公司是代埋日本化工原料的，其产品主要卖给染织厂。”

黄龙也替立德高兴，说道：“好啊，今晚我替你庆功，到新加坡舞厅去乐乐。”

这是立德第一次见到丽娜。丽娜来了后，黄龙先介绍说：“这是丽娜，我小妹，你可以叫她小妹。”然后他又转向立德，骄傲地说：“这是张立德，我的拜把兄弟，不过他不是出来混的，跟我们不一样。他可是大学毕业生，目前在贸易公司做事。”

立德拘谨地叫了声“小妹”，就讲不出别的话来。

丽娜饶有兴趣地看着立德，问道：“张大哥，你常到这里来玩吗？”

“没……没有……这是第一次。”立德结结巴巴地回道。

看到立德正襟危坐的样子，丽娜觉得很有趣，她站起来拉住立德的手，笑道：“张大哥，我请你跳支舞吧。”

立德红着脸，本不想站起来，却被丽娜硬是拖入了舞池。

立德忙解释道："我不会跳，真的不会跳！"

"没关系，我来教你。"丽娜不由分说地教着呆若木鸡的立德，先握住他的右手，让他环抱着自己的柔腰，然后再握住他的左手，开始教一、二、三的舞步。立德柔荑在握，软玉温香，只要侧过脸就会碰到丽娜的颜面，心里不禁七上八下地打鼓，哪里还记得住步伐。丽娜教了半天，立德还是原来的立德，于是她一生气，甩了下头发，说道："你真笨，不教了！"

立德面对丽娜宜嗔宜喜的表情，忽然呆住了，根本没留意丽娜在说什么，只轻轻只吐了句："你真美！"

类似赞美的话，丽娜一天不知道要听多少回，但这一句却是她一生中最难忘记的。丽娜停住了，看着立德。立德像才清醒过来一样，问道："小妹，你刚才说什么来着？"

丽娜一跺脚，说："我说你真笨！"然后转身走回座位。

立德如梦初醒，连忙说："小妹，对不起！我同你说过，我不会跳舞的。"

立德刚坐下，丽娜又被转走。黄龙对立德说："这马子（女孩）不错吧，是我村子里的，我现在正想把她呢（泡妞的意思）。"

3. 龙行天下

莲花弹子房（台球馆）的位置，是在天台十七虎与铁血帮势力范围重叠的地区，所以经常会发生帮派间的摩擦。但这并没影响弹子房的生意，主要的原因是这里的计分小姐个个年轻貌美，引得青少年们趋之若鹜。

阿梅是这家店里最红的计分小姐，每天都有人排队在等这里台子的空档，此时铁血帮的阿贵正在阿梅的台子前表演球技。阿贵打球的时候，口里也没闲着："黄球，两颗星，左边底袋。"黄球便应声而入；接着他说"咖啡球，左边腰带"，一个漂亮的切边球，又使得咖啡球落入袋中。阿贵高超的球技，即使让人两个黑球，十四分，仍没人敢上前应战。于是阿贵一边表演，一边还时不时地与阿梅搭讪。正当他在与阿梅打情骂俏时，惹火了天台十七虎的人马小豹。小豹正在追阿梅，不免妒火中烧，他带了几个弟兄，把阿贵围了起来。

小豹开口骂道："你是哪来的野种？照子（眼睛）放亮一点，这一片是我们天台十七虎罩着，这马子也有人罩了，你个杂碎（黑话：没用的空心大老倌），竟敢跑到老子的地盘来撒野！"

阿贵一看这形势就晓得来者不善，今日之事恐怕难以脱身了。阿贵装作把球杆放回到桌上时，突然一个转身，一棒子就打在小豹的脖子上，把球杆也打断了，然后跳上球台，往外就跑，可惜没跑几步就被抓住了。

阿贵被打成重伤，肋骨都断了三根。完事后，天台十七虎的人还把阿贵用计程车载到铁血帮的地盘，丢在马路上。

铁血帮的人看到阿贵后，义愤填膺，纷纷攘攘着要为阿贵报仇。天台十七虎也正想借此事与铁血帮做一了断，于是两帮人马约定在淡水河沙滩谈判。

这天，黄龙紧张地站在淡水河边的沙滩上，不断地用脚拨弄着地上的小石块。除了身旁有几个小弟外，后面还三五成群地聚集了四五十人，每个人都携刀带棍地准备厮杀。这时，远远来了十几辆计程车，到了河边不能行驶了，乘客们只得下车步行。这也是黄龙选定沙滩作为谈判地点的原因，以避免对方搞车队、玩突袭，到时防不胜防，就会吃大亏了。

对方大约也有四五十人，黄龙带了五个小弟，携有三把武士刀、两支削尖的钢管，慢慢地迎上前去。

对方的老大林天福同样带了几个手下，走上前来。双方在还有几步距离时，都停下脚步开始对峙。黄龙先开口道：“福哥，不好意思，一直想约福哥出来喝喝酒，没想到为了小兄弟们一些小事，会在这里见面。”

这次约在这沙滩上，双方都知道不经一战，是解决不了彼此之间的矛盾的。天福冷笑道：“我也很想跟龙哥喝酒，但靠北（台语骂人的话：哭爸），你娘的阿贵跑到我地盘来找碴儿，我不能不教训教训他，否则人家还以为我天台十七虎没人理事呢。”

黄龙哼了一声，骂道：“你以为我真怕你啊！把人打成那样，好，老子今天就拿你开刀！”

未待黄龙把话讲完，对方已经有两个人举起武士刀砍了过来。跟在黄龙边上的兄弟也赶紧拿起武器，但不同的是不是冲上前去，而是倒走后退。天台帮一看这阵势，都一起冲了过来。

这时，在后方的铁血帮兄弟有十几人，突然从地上拿起一批长青竹竿，他们每人一支，一头都已削尖，如同利刃一般地向天台帮发动攻势。这一下大出天台帮的预料，因武士刀较短，还没触及对手，已经被竹竿刺中，而竹竿又具弹性，砍又砍不断，且对方是密集阵势，互为支持。这样刚一交手，就有几人被刺中，有两三个人甚至连刀都拿不住，丢了刀就往后跑；而铁血帮人捡起这些被丢弃的刀，反向天台帮的人马杀过去。才几分钟，整个天台帮就溃不成军。

原来天台帮敢挑起事端，就是自持货（武士刀）多，想趁铁血帮羽毛未丰之时，先整垮对手。没想到黄龙出奇制胜，用河边竹林里的青竹制作了一批武器，克敌制胜。林天福眼看大势已去，也转身就逃，却被黄龙赶上，一刀劈在背上，接着又被一铁血帮的兄弟一刀刺入腹中丧命。

这时远处警笛声鸣，铁血帮捡起天台帮丢在地上的刀器，一哄而散。黄龙仗着路熟，便带着个兄弟往巷子里一钻，逃脱了警察的追捕。他想了想，决定投奔到张立德的住处。张立德应声开门，只见黄龙和一年轻人站在外面。黄龙急促地对立德说："我出了点事儿，要找个地方躲一躲！"

立德连忙将两人让进客厅，说道："幸好我父母去了南部，你们可以暂住两天，但这不是长久之计，我需要另外想想办法。"

立德有个同事调去日本工作半年，房子是空的，正巧在找房客，立德将黄龙二人安置在那里，隔天就买些食物送去，还通知了黄龙的两个贴身小弟。

这天，立德去送食物时，黄龙对立德说："谢谢你的照应，我们现在已经没事了，可以出去了。"见立德不解的表情，黄龙又解释道："是小光头替我顶了罪名，我现在算没事了，不过要替小光头照顾一下他家里生活。"

林天福的命案由小光头顶了罪名，黄龙从此在江湖奠定了自己的地位。

第七章 岂伊地气暖 自有岁寒心

（时间：1970 年）

1. 百花齐放

一场朝鲜战争肥了一个日本，而越战到现在也已经打了十五年，除帮助韩国的战后复兴外，对台湾的经济也起了立竿见影的带动作用，各行各业都有了长足的进步。

张立德进得家门，往沙发一坐，张妈妈忙问道："都七点钟了，晚饭吃了没？"没听到回话，张妈妈再一看，儿子已经闭上眼睛，还伴着轻微的鼾声。张妈妈摇摇头，拿了床毡子，替立德盖上。

当毡子接触到身体时，立德马上惊醒。他揉揉眼睛，看了下手表，跳将起来，说道："都七点多，我要走了。"一边说话，一边往外走。

张妈妈赶快追着问道："要不要吃点东西再出去？"

"不了。我跟客户约了七点半，来不及了。"立德匆忙回道，人已经出了门。

张妈妈顿了下脚，自言自语道："怎么会忙成这样？连吃饭时间都没有！"

其实不仅是张立德忙，黄龙也忙，李有志更忙，全台湾都在忙，各人忙各人的。在武昌街的一个面摊前，两张桌子前都坐满了客人，桌子上摆了些辣瓣儿酱、酸菜、筷子、汤匙等，旁边还有些客人在站着等位子。李有志等了半天，终于有了个空位，连忙坐下。他对着前来收拾的老妇人说道："妈，这两天火气大，不要加红。"

李妈妈转身喊道："老头，你儿子的牛肉面不要加红！"

原来李政有个同乡，在武昌街弄了个摊位，一段时间后不想做了，就顶给李政。李政想想也没有更好的营生，就干脆卖起了眷村的牛肉面来。其实这牛肉面也不是家乡的原味，而是由于当时眷村的牛肉比较便宜，于是就地取材，几经改良后摸索出来这一成品。没想到李政的牛肉面一经推出，就颇受大众欢迎，倒成了此地的招牌小吃。

李妈吗一边招呼客人，一边问儿子："你在林伯伯公司做得怎样？”

李有志是土木系毕业的，本想出国深造，但对李政夫妇而言，却没法筹措那几乎是天文数字般的保证金额。不过有志决定先做几年事，等存够了钱再出去，因此经林伟介绍，到了现在这家建筑公司服务。

有志停下筷子，回道：“还好啦，我现在是打杂，跑工地，跑市政当局，还有监理单位，反正大大小小的事都要管。”

李政一边继续下面，一边转身插道：“这样就好，多学点，不吃亏的。”

有志点头道：“我也是这么想的。”

黄龙走进新开的美美歌厅中，看着墙上挂着一排歌星的照片及介绍，等他进入正厅，台上的歌星正唱唱跳跳，舞台旁堆满了鲜艳的花环，而更为欣慰的是台下约七八成观众，他们毫不吝啬地给予表演者以热烈的掌声。黄龙心中暗喜，想到今后的收益应该可以保障了。

小威匆匆跑进来，对着黄龙说："龙哥，大湖帮的人来了，要把白云带走。"

原来歌厅生意好，歌星们都在跑场，因为每个歌厅都有来头（靠山），所以签歌星，保证到场表演，都是需要实力作为后盾的。

"先让白云上，唱两条。"黄龙皱皱眉，关照当值的经理说，然后独自往外走去。

大湖帮的两个来人见到黄龙，忙起身叫声："龙哥！"

黄龙满面堆笑地回道："对不起两位，白云正在场上，要晚几分钟走，请多包涵。"

其中一个大个子的大湖帮兄弟顿时面露难色，他说："龙哥，我们已经晚到了，再晚别的场子又要来要人，我们也很为难。"

黄龙脸一板，怒道："别给脸不要脸，你就跟下个场子说，白云是在我龙哥的场子里耽搁的，有问题来找我！"

大湖帮的两个人面面相觑，没敢作声。

2. 风与月

台上的萨克斯风手正费力地吹奏，显出一副陶醉在自己乐声中的表情，吉他手和鼓手也努力地配合着演出。乐队的靡靡之音，伴随着昏暗的灯光，并没有令新加坡舞厅的舞客们同样陶醉，他们多半是醉翁之意不在酒，只是在舞池中销魂。

立德坐在丽娜边上，望着场中的情景，似乎有些不知所措的感觉。丽娜把手放在立德的大腿上，问道：“你真的不请我跳支舞？”

“小妹，对不起，我真的不会。”立德腼腆地答道。

丽娜狡黠地笑道：“你们公司的小陈说你已经跟他恶补一个星期了，是不是？”

立德窘得脸都红到了耳根上，好在舞厅里灯光昏暗，看不出来，却不料丽娜又补上一句：“张大哥，你干吗脸红？我知道张大哥是为别的小姐学舞，就是不想跟我跳。”

“小妹，我不是这个意思。”

“那你是什么意思呢？张大哥你看上哪一个，我替你把她叫来就是了。”

正说着，音乐忽然停止，灯光也亮了，舞客们都回到座位上，丽娜来了个恶人先告状，冲着小陈问道："陈大哥，你们张大哥看上哪个小姐，我替他安排？"

小陈丈二和尚摸不着头脑，回道："上次张大哥对哪个香港来的客户阿旺说，丽娜小姐是他的女朋友，叫他不要乱来，他哪里还看得上第二个呀。"

丽娜笑笑，难怪只要立德在场，这些难缠的客人就少了很多。

这时，姚大班过来叫丽娜转台，因为丽娜现在是头牌，每桌都只能点点卯，意思到了就行。丽娜却对姚大班说："让他们等着，我要陪张大哥先跳支舞！"

在舞池中，丽娜耐心地带着立德跳，并帮着数一、二、三，稍微有些熟练后，她说："张大哥，以后没借口不请我跳舞了吧？"

"小妹，不好意思，我跟那些朋友说你是我女朋友，他们就不会太过分了。你不要见怪哦。"立德有点结巴地解释道。

"立德哥，谢谢你！"丽娜轻轻地说，身体往立德贴得更近了。

立德感觉到丽娜的胸部往自己靠近时，本能地把手紧了一下，却马上放松开来。丽娜也觉察到了这一细微的变化，仰起头来说道："那我就做你女朋友，你就不会不好意思了。就怕我没这福气。”

立德还没回答，丽娜又问道：“是不是因为我是舞女？”

刹那间，空气好像凝结住了，两人都停下来，僵立在那里。

还是立德先反应过来，一字一字慢慢地说：“小妹，你是我一生中碰到的最好的女孩，可惜我没这福分，因为龙哥也想追你。”

“难道你们男人一发声，别人就不能追了吗？我们女人也有选择权呀。”

“道理是不错。别人我可以不在乎，唯独龙哥，我们是从小的结拜兄弟，我不能啊！”

丽娜一转身，铁青着脸去了邻座。立德刚想追过去，只听得丽娜在那里招呼道：“钱老板，不好意思，让你久等了。”

此后，立德好一阵都没再到新加坡舞厅。这天，黄龙本想约立德一起去新加坡舞厅，但立德推说没空，黄龙只得带着几个小弟，自己去了。他坐在沙发上等了许久，才看到丽娜过来，黄龙不由得干咳了两下，说道：“小妹，你现在红了，面子也大了，等了半天都等不到！”

丽娜娇笑道：“我哪有龙哥面子大呀。龙哥一放话，说我是你的女朋友，吓得我的客人都不敢来，我这不得多费点劲，跟每个客人解释解释，没那回事嘛。”

黄龙听出这话绵里藏针，赶忙解释道：“这是哪个造的谣，老子撕烂他的嘴！我可从没这样说过！”然后转过头去，对着一班小弟问道：“你们有谁在外面乱说过？”

小弟们都抢着表白道：“没有！我们没有！”

黄龙重新转向丽娜，笑着说道：“你都看见了吧，要不我去查一下，看看到底是谁说的？”

丽娜也笑道：“那倒不必了。有你龙哥这句话，就够了，否则我怕以后嫁不出去的。”

“那就嫁给我呀。”黄龙赶紧接道。

丽娜半嗔半笑道：“你看你又来了，其实我也不是非嫁人不可的。”

黄龙看着丽娜，想说什么，最后还是把话吞回去，什么也没说。

3. 初露锋芒

有志刚走进大办公室，二三十张桌子的员工都站着，廖总则站在中间，显然又是在训话。看到有志进来，廖总迫不及待地劈头问道：“怎么样？他们肯不肯？”

有志摇摇头，解释道：“你也知道这块地是属祭祀公祠的，有几十个人，人多嘴杂意见多，这样谈是谈不出结果的。”

廖总头低着来回踱步，突然停下来，对围在一旁的员工吼道：“你们谁有好主意？现在钱已经花了，地却不能过户！王副总，这单生意是你介绍的，怎么会搞成这样子？现在好了，你怎么收场？”

“其实当时大家都同意的，哪晓得半路杀出个程咬金，当地角头阿狗要插一脚。他要的价钱太大，摆不平，才会闹成这样。”王副总苦着脸解释道。

廖总仍然一脸寒霜，转身就走。等大家都回到座位上时，有志却跟随廖总到总经理办公室，关好房门后，有志说道：“廖总，我倒有个想法，不知行不行？”

廖总挥挥手，不耐烦地说道：“你说！”

有志诚恐诚惶地向前踏进两步，说道：“其实大多数人还是赞成的，但现在骑虎难下，所以给他们个台阶下，答应替他们重修宗祠，这样大家退一步，事情就容易解决了。”

廖总显出有兴趣的样子：“你继续说！”

有志走近廖总身旁，小声地说：“至于阿狗那边，现在交易不成，他什么都捞不到。我有个非常要好的小学同学，在黑道上还可以讲得上话。我可以请他出面跟阿狗谈，给阿狗些好处，大家都能下台，这事就没问题了。”

“你不错，这案子就交给你，以后直接向我汇报！”廖总站起来，拍了拍有志的肩膀。

有了廖总的信任与支持，有志很快就摆平了这件案子，在公司内开始平步青云，踌躇满志。此后很多重要的案子，都由廖总亲自批给有志承办。

这天，有志春风满面地陪着两个外地来的客户，来到假日宾馆。因为要谈公司账户折扣的问题，柜台小姐打电话把副理找来了。一会儿，一个穿着一身黑色套装、看起来非常保守且又时尚的美女站在面前，有志一下子讲不出话来，眼睛瞪大了半天，终于问道：“你……你是尤美琪吗？”

美琪显然被有志的话吓住了，问道：“你……你哪位？”

“我是李有志，你小学同学，坐你后面的。”

“哦，李有志是你啊！”

有志东拉西扯地直到美琪下班，然后陪着她散步回家。

有志高兴地说道：“真没想到在这儿碰到你。”

“我大四时就在这做了，这个宾馆是方锦芳家的，”美琪浅笑道，“你还记得方锦芳吗？她也是我们的小学同学。”

“你说这宾馆是方锦芳家的？”

“是的，她家因为土地多，这是跟人合建分到的。”

有志兴奋地请求美琪：“有机会的话，我倒想见见方锦芳，你晓得我是搞土地开发的。”

美琪满口答应：“好啊，下次我来安排。”

4. 筑梦

因为业务关系，立德是新加坡舞厅常客。但自从上次与小妹不欢而散后，立德有一阵没有涉足舞厅了。由于客户的要求，立德、小陈和阿旺等又来到新加坡舞厅。

姚大班赶紧带好位子后，问道：“张大哥，好久没看到你了，今天想点哪几位小姐？”

立德还没开口，旁边的阿旺就抢着说：“是啊，张大哥今天还不想来，是我逼他来的。不知他是不是跟丽娜闹别扭了，他若不追，我就要追了。”

“那我马上安排丽娜来，另外我再叫几个刚来的，陪大家坐坐。”姚大班应道。

丽娜来后，站在那里，犹豫着是否该往立德旁边坐。立德想了想，移动了一下身子，挪出了少许空位，但那边的阿旺已叫道：“丽娜，来，坐我旁边！”

丽娜一赌气，翘翘嘴，咚咚咚地朝阿旺边上去。阿旺眉开眼笑地说：“丽娜，张大哥不要你，旺哥哥要你！”

丽娜坐下后，任凭阿旺怎么口干舌燥地忽悠，她反正是问三句答一句，最后把阿旺惹毛了，骂道：“老子到这里是找乐子的，不是来看晚娘面孔的！”

小陈忙打圆场道：“丽娜今天大概不舒服，旺哥，你大人有大量，不生气。”

被小陈一劝，似乎火上加油，阿旺的脸色更难看了：“我不信整不过你，叫姚大班来，我要带你出场！”

“你以为有几个臭钱就了不起，老娘还不爱坐你的台呢！”丽娜也不示弱，站起来就要往外走。

阿旺伸手想抓住丽娜，却不料被立德挡住了。“够了，别闹了！小陈，把阿旺带走！”立德喝道。

“丢你妈！你还管起我的事来了！”阿旺挥手就要打立德，却被立德先下手，一拳打在他的鼻梁上，疼得他哇哇直叫，然后又被舞厅的两个保镖驱离出场。

立德吩咐小陈道：“你去送阿旺回去，这里我来结账，明天我到公司辞职办交接！”

一会儿，立德走出舞厅大门，忽然产生了一种莫名的失落感，包括少许海阔天空的感觉。他长吸了一口气，望着四周闪烁的霓虹灯，那似乎象征着来来去去、转瞬即逝的繁华。突然，一阵暗香袭来，从后面有人挽住了他的手臂，试图想陪着他走。

是丽娜！立德有点出乎预料，问道："小妹，你怎么不去上班？"

丽娜浅笑了一下，回道："我请假了。不好意思，害你把工作都丢弄掉了！"

"没事，反正我也不想再侍候像阿旺这样的客人了。"

"立德哥，现在找事做容易吗？"

"我还没想这事呢，也许我会自己做。现在纺织业的订单都是由香港、日本转发到台湾的，我想避开这些中间商，直接到美国接单。"

"要不要我帮忙，我认得几个纺织界的大老板的？"

"我想还是不要去麻烦的好，这些人帮了你，将来都是想得到回报的。"

丽娜体会着立德的用心，默然无语，却将立德的手挽得更紧了。

"小妹，你有没想过换职业呢？"

"想过，但我没有别的专长，只有再做一年，等存够了钱，替爸爸妈妈买套房子，我就上职业学校学门技术，争取靠手艺来养活自己。"

两个人没再说话，各自构筑着未来的梦想，也替对方构筑生活的梦，只是梦里有没对方，谁都没说。

第八章 行到水穷处 坐看云起时

（时间：1971 年）

1. 风雨飘摇

老戴拿着报纸，看到头版标题时，赶忙喊叫道：“淑芬，快来，出大事了！”

戴妈妈三步并作两步地从厨房出来，问道：“什么事啊，大清早的大惊小怪？”

老戴一面挥舞着报纸，一面大声嚷着：“我们退出联合国了！”

“我当是什么了不得的大事，这关我们老百姓什么事？这些事关当局的大事，轮不到你瞎操心！”戴妈妈又好气又好笑地回应道。

老戴见戴妈妈如此轻描淡写，竟有点生气，接着用教训的口吻说："所以说你是妇人之见！你想想，现在大陆共产党代替我们进了联合国，假如他们将来打台湾，那就名正言顺了，没有人能帮我们！"

戴妈妈一下子脸色惨白来，不停地来回走动，嘴里还念叨："那可怎么办？这下完蛋了！"

"你就是沉不住气，现在共产党还没打来；即使打过来了，也不是一时三刻的事，你急什么！"等戴妈妈稍稍镇静下来，老戴又吩咐道，"你现在给小霞写封信，叫她替我们办移民。她先生是美国军人，手续上可能会快一点。"

戴妈妈没再接茬，只是像只泄了气的皮球，瘫坐在沙发上，然后慢慢环视起这个家。

退出联合国这件事，在台湾上下各阶层引起了不小的震动。刘伯伯与刘妈妈面容严肃地对坐在饭厅中，饭桌上摊着报纸，好像都在思考。终于刘伯伯握拳敲了下桌子，毅然说道："就这么决定了，写信给刘菲，替我们申请移民，一旦那边批准，我们把房子卖了。现在家里用不着的和不好带的东西，都可以变卖掉，明天我就把齐白石及徐悲鸿的画拿出去估个价。"

刘妈妈有些迟疑，说："不必这么急吧？移民这件事，八字都还没一撇呢。”

“你就是没见识，我们去和女儿一起住，手里没钱行吗？而且东西早卖还值点钱，等到大家都要卖的时候，你多便宜都没人要了。你记不记得我们要卖上海的房子时，几乎是半价脱手，还谢天谢地呢。”

“就是不晓得我们亲家会不会也想移民？到时候刘菲就会左右为难。”

“所以我们要快啊！”

一石击起千层浪，在街边的那间烧饼油条铺子里，同样是不缺乏讨论这个话题的人群。一个小小的店面，里面有八张桌子，客人坐得满满的，墙上贴了几张红纸，标明烧饼、油条和豆浆的价钱，还挂了张沾满油污的明星月历。店门外是个汽油桶做的烧饼烤箱及油条的炸锅等，两个伙计在后面忙着，老板娘一边帮忙接单，一边收账，忙得不亦乐乎。店外面的骑楼下面，也放了两张桌子，坐的都是些老客人。

老板是徐州人，跟随部队到台湾后，退伍当三轮车夫，后来年纪大了，想起以前在家乡时，稍稍懂得点的烧饼的手艺，就开了这家店，生意因口耳相传，竟然越做越旺，来的多半是老顾客，彼此都有些了解，这烧饼店也成了交朋友的所在。

林伟坐在外面桌子，吃着烧饼、油条和豆浆，听着其他的顾客们与老板有一句没一句的闲聊，主题都是有关退出联合国的事。老板慷慨激昂地表示："真要共产党来了，我没地方可跑，也没力气跑了！"

一个来自浙江的头发花白的老头说道："反正我一个人在台湾，管不了什么后果了，也许正好回家，叶落归根嘛。"

另外一个顾客开玩笑说："我可不行。我在这里娶了老婆，生了孩子，不要共产党整我，大陆那个老婆就能要了我的命。"

大家哄堂大笑，紧张的气氛冲淡不少。林伟不敢发言，只能默默用完早餐离去。

2. 待机而动

林伟回到办公室，正巧李有志从外面回来，看到林伟，恭恭敬敬地叫了声"林伯伯"，接着看看四周，问道："可否借一步说话？"

林伟不知道有志葫芦里卖的什么药，就跟随有志进了他的办公室。有志连续接了几件大案子，是公司红人，也有了自己办公室。林伟坐定后，有志把办公室门关好，转过身来说道："林伯伯，今天台湾退出了联合国，我认为机会来了，决定好好干一场。"

林伟没说话，等有志进一步解释。果然，有志得意地笑道："现在的情势不像以前在大陆时那样，'政府'清廉许多，而且再无后路，所谓破釜沉舟；退此一步，既为死所，民心可用。"

林伟抬起头来，看看有志，还是不明白他说这话的意思。

有志接着解释道："其实最重要的是国际形势，现在越战打得厉害，美国和中共在越南较劲，中共根本没有能力，美国也不会让他越过台湾海峡，所以台湾非常安全。"

这倒是挺新鲜的讲法！林伟开始听懂了有志的企图，他是想趁大家人心惶惶的时候，正儿八经地在房地产上大展宏图！林伟用佩服的眼光看着有志，说道："以前有个朋友告诉我，真正的生意人，会闻到钱的味道。有志，你是个天生的生意人。"说到这里，他又转成疑问的口气道："不过这和我有什么关系呢？"

"我准备自己出去做，想请林伯伯帮我，"有志微微一笑，说，"你回去考虑一下，不过今天的话切勿跟外面人透露。"

离开有志办公室后，林伟思考了一整天，下班回到家，看到黄荣发已经在等他了，林伟笑着问道："你不是要来跟我谈退出联合国的事吧？"

荣发摆出一副满不在乎的神态："这有什么好谈的？我们又不能改变什么。我倒是有件事要问问你，想听听你的意见。"

不谈退出联合国事，还能有什么事更重要吗？林伟好奇地问：“什么事？”

“昨天黄龙拿了五万块钱回来给我，”荣发一脸正经道，“这是他一辈子第一次拿钱回家，我怕这钱来路不正，没要。可他说是帮有志公司解决了些问题所得到的酬劳，我问他是解决了什么问题，他又讲不清楚，所以我只有来你这里打听了。”

林伟恍然大悟，终于了解为什么有志能把许多疑难杂症迎刃而解的关键，他想了想，回答道：“这是公司委托他去谈业务的代价，是赚来的辛苦钱，你就收下吧。”

在一个急剧变幻的大时代中，有人想趋吉避凶，有人看到危机就是转机，就是机遇，但对大多数只能沉浮在生活线上的人群，生存才是唯一的要务。尤美琪家在耗尽所有的家产积蓄后，借贷无门，只有尽最大的努力，为“生存”而挣扎。

美琪快到家门时，正巧尤文晋要出门，看到父亲扛着两匹布料，压在已经似乎不胜重荷的肩膀上艰难地移动脚步时，美琪忍不住一阵心酸，问道：“爸爸今天要去那个市场摆摊？要不要我陪你去？”

“没事，我和王伯伯约好了，今天是去圆环夜市，你先回家吃了饭再说。”文晋回头见是女儿，脸上露出了慈爱的笑容。

文晋现在市场批发些布料，再到各地菜场摆摊零售，赚些蝇头小利，但如果选料不当，卖得不好的话，也可能血本无归。

尤妈妈看到美琪进门，马上把热了的饭菜端上桌子。趁着女儿吃饭的时候，尤妈妈陪坐在一旁闲聊家常，说着说着，她冒出一句话来："美琪呀，可能又要麻烦你了。"

"妈，什么事？"

"你爸爸最近要进货，想开一张两万元、三个月的期票，拿到市场去贴现，看你能不能帮忙？"

"我从公司都已透支了八个月的薪水，不可能再借了。"

"那你能不能找方锦芳商量商量，你爸爸实在是走投无路了！"

美琪想到家中的苦处，无法不应承母亲的恳求。第二天，她在办公室里不停地走动着，绞尽脑汁地想找到个可以开口的对象。她几次拿起电话又放下，正在焦虑中，突然电话铃响了，对方是李有志。美琪高兴地说："正巧我有事要请你帮忙，我们约个地方见面吧。"

有志早了近半个小时便到了约会地点，他独自坐在咖啡厅的双人沙发上，跷着二郎腿，还不停地来回晃动，两手摊开平放在椅背上，显得十分轻松自在。见美琪进来的那一刻，有志立刻收起双腿，正襟危坐起来；随后又想起应有的礼仪，赶紧立起身，面带尴尬地迎向美琪，就像在小学时扯美琪的头发，被她回头瞪眼的表情一样。

美琪没去注意有志的姿态变更，径直走到有志的对面沙发上坐下。向侍者点了杯咖啡后，美琪只是低着头，一直用咖啡勺子不停地搅动着咖啡，没有开口说话。

有志默不作声，忐忑不安地注视着美琪，不知道美琪是否看透了他的居心，想回绝他有意无意中显示的追求意向。然而丑媳妇总得见公婆，有志首先打破沉寂，问道:“有事找我？”

美琪看了有志一眼，又低下头，轻声说道:“嗯，想请你帮个忙。”

“只要我能做得到的，一定帮！”有志终于如释重负。

美琪沉吟道:“我父亲有张两万元的期票想贴现，你在外面交游广阔，不晓得能不能帮上忙？”

“没问题，不过市场是每月六分利，先扣的。”

“好的，那就先谢谢了。”

3. 万象更新

老戴每天要看邮箱许多次，终于等到了那封蓝色国际邮简。他拿着信，一边走回客厅，一边迫不及待地拆开。戴妈妈守在客厅里，看到老戴手中邮简，着急地问："小霞信里怎么写的？帮我们申请移民的事怎么说？"

这两个问题让拿着回信的老戴不知如何回答。

看着丈夫阴沉的脸色，戴妈妈也猜到结果了，接着问道："是不是小霞那边有难处？"

老戴双眉紧皱，叹了口气。"唉，是我们害了小霞，"见脸色被吓得惨白的戴妈妈，他接着道，"她已经和罗拔太辣离婚一年多了，怕我们伤心，所以一直没告诉我们。她现在靠打工养活自己，没有能力替我们申请移民，希望我们谅解。"

老戴又拿起今天的报纸说道："这里有一条消息，说是国际知名学者陈道孚博士回国讲学，看样子我们是真的错了。"

戴妈妈没有接茬，只是埋下头抽抽噎噎，低声地哽咽起来。当时眼光短浅，一时糊涂，鼓励小霞离开陈道孚，嫁给了罗拔太辣，所以才落得今日的下场，真是悔之莫及。

其实这个时候，陈道孚正走进台大校园。他回想起从离开学校到赴美读书的这十几年在美国的经历，似乎像做梦一样。刚到美国时，除了付学费之外，每月还要寄钱回家，贴补家用。虽然得到父亲友人的照顾，替道孚找了个餐厅洗碗工作，但每天奔波在厨房及课堂之间，手里过着厨余与碗碟，脑子里转的却是物理与数学，每夜睡眠都只有三四个小时，幸亏后来申请到奖学金，才顺利了完成学业。

陈道孚正缅怀这些过往旧事，看到前面有一条几米长的条幅从宿舍楼顶上挂下来，上面写着“中国的土地可以征服，而不可以断送；中国的人民可以杀戮，而不可以低头。”是钓鱼台！前几个月，在美国各大城市已经有多起针对日本的示威，但当局者似乎没什么反应，没想到台大这次当了岛内的急先锋。

陪同着的江主任看到这个条幅，有些歉疚地对陈道孚说：“陈博士，这些学生在胡闹，‘政府’不可能为了这个小岛去跟美国和日本闹翻的。再闹下去，‘政府’就要抓人了。”

道孚听了这话，似乎有些出乎意外，转过脸来严肃地对江主任说道：“话可不能这么讲，民族的气节不能丢，我们的领

土不能让，这是千秋万世的事啊！我上个月也参加了在纽约联合国门前的保钓示威。”

江主任半晌出不来声，良久才接口道：“那是，那是。”

回到台湾，陈道孚还有一个从未表露的心愿。就是那次同小霞分手后，本来第二天想去找小霞解释的，告诉她自己要赴美留学的事。但看到小霞跟一个老外在一起，想想自己前途未卜，出于不愿意耽误小霞幸福的目的，便悄然离去；随后回了南部左营的家，又赶赴高雄乘船，就再没机会同她道别了。这么多年过去了，不知小霞现在怎样？结婚了没？只是希望能再见她一面。

陈道孚终于又到了光华新村，看到熟悉的红门和竹篱笆上爬着的红色喇叭花，仿佛一下子又回到了多年前甜蜜而又夹杂着些许痛楚的回忆。他踌躇了片刻，还是鼓足勇气按了门铃。

来开门的是戴妈妈，看到站在门外西装革履的陈道孚时，竟一下子没认出来，直到道孚说：“戴伯母，不认得我了？我是道孚啊！”戴妈妈才惊叫起来：“是道孚呀，对不起，快进来坐！”

这时，老戴在客厅里问道：“是谁啊？”

戴妈妈兴奋地回道：“是道孚，陈道孚！”

在客厅里，道孚对微笑着老戴夫妇说：“真不好意思，没有预先通知就来拜访，不过因为明天就要回美国，所以只有今天赶来了。”

道孚在回答完老戴夫妻的询问后，有点不好意思地说：“其实我只是想问问小霞近况，没什么别的意思。”

不料戴妈妈直视着道孚，问道：“你结婚了吗？”

道孚尴尬地笑道：“还没呢。”

老戴没说话，只是将把桌上的信递给道孚。道孚一时不知什么意思，迟疑着不敢伸手。老戴解释道：“你看看小霞的信，就明白了。”

道孚看完信后，面色沉重地问道：“我可以抄一下小霞的地址吗？”

老戴叹口气，说道：“我对不起小霞，以后的事，我们也管不着了。”

道孚抄了下地址，小心翼翼地折好，才告辞离去。

陈道孚走后，老戴又听见门铃声，忙打开大门，见按门铃的是李政。李政进客厅后，从包里拿出枚红信封，递给老戴。老戴笑容满面地问道：“是有志的婚事吗？恭喜你啊！”

李政急忙回道：“不是，是我开店了！”

老戴抽出请帖，看了后，欣喜地问道：“你们要开店了，店面是租的还是买下来的？”

“是买下来的，就在武昌街，离我原来摊位不远。老板要移民了，卖得很便宜，有志帮我凑了一部分头款，又替我搞好贷款，所以很快就成交了。”

“有志不错啊，自己出来，做得有声有色，我们光华新村没出国的，就数他做得最好。老李，你福气真好！”

李政有点不好意思，拱拱手说道：“还不是托大家的福！”说完，想了下，又说：“他本来请林伟去帮忙的，老林想了想，没去。”

李政本来还想再补充两句，却被老戴打断话头，说道：“老林是一朝被蛇咬，十年怕井绳，也难怪。”

在有志宽敞的办公室里，硕大的红木书桌上，除了些精致的文具外，还有个比较显眼的地球仪；在他背后的墙上，挂着张台北市地图，上面画有密密麻麻的红、绿、黄色的标记，并标明是指已开发、正开发或待开发的项目。黄龙正坐在沙发上，跷起二郎腿，抽着香烟，而有志则陪坐在一旁的沙发上。

有位员工敲门进来，送给有志一叠文件，请他签名。黄龙吸了口烟，再慢慢地吐出来，然后继续他的话题：“已经有好几个星期没见到立德了，你晓不晓得他最近怎么样？”

有志一边看着手中的文件，一边漫不经心地回道：“他离开原来的公司了，想自己创业，但好像还没什么头绪。”

“他这行我沾不上边，想帮都无从帮起。”黄龙皱起眉头，自言自语道。

有志这才抬起头来，安慰黄龙道：“立德兄在这行也做了好一阵，积累了不少人脉，给他点时间，一定会做起来的。”

不同于李有志的办公室，张立德的办公室其实只够放下两张办公桌，过道上则堆满了纸箱及样品，但在办公桌边上，还是挤出了一把客人椅子的空间。立德正翻着桌上堆起的账单，挑出几张来，用笔加了下数字，然后拿出支票本来核算了一下，又放回去两张。

突然，一个黑衣人没敲门就进来，张口便问道：“你是立德哥吗？”

立德点头称是，黑衣人拿出个厚厚的大信封交给立德，接着说道：“我姓杨，这里是 30 万元，是龙哥让我交给你的。龙哥还说，不够的话再跟他说。”

立德不知道是否应收下这钱，正迟疑着，小杨又说：“龙哥吩咐我把钱交给立德哥后就走，他会自己向你解释的。”

送走了小杨，立德收好钱，拿起电话，正要拨号时，又有人在敲门。原来进来的是一个以前的老客户，做染织厂的小姚。小姚脸色发黑，完全没有了精气神，他进门后，一屁股瘫坐在立德面前的椅子上。立德赶紧把堆在桌面上文件、账单挪动了下，这样可以看清楚一些坐在对面的小姚，然后招呼道："哟，什么风把姚老板吹来了？"

小姚露出比哭还难看的笑容，说道："立德兄就不要再取笑我了，我是走投无路才来找你的。"

立德用疑惑的眼光看看小姚，现在纺织业正红火，小姚的生意应该忙都忙不过来；最近自己有两个单子，小姚都推托了没有接，还要凭关系才能让他接单，这他能有什么事？

小姚看出立德的困惑，正色道："立德兄，打开窗户说亮话，我也就不绕圈子了，我想请你帮个忙。"

立德感觉小姚可能是遇到大麻烦了，于是端正了一下自己的坐姿，很诚恳地说道："小姚，你说什么事吧，只要我能使得上力的，我一定帮。"

小姚似乎松了口气，又叹口气，说："唉，这件事恐怕还只有立德兄能帮我。"

立德笑笑，没说话，只是凝视着对方，希望他有进一步的解释。

"昨天我赌钱，一晚上把工厂都输掉了……"

立德知道小姚好赌，而且赌性极强，赌运却常常不佳。这样的事，以前也发生过，但这次的赌注也下得太大了，他怎么不把自己也一起押上去呢？

“你怎么那么糊涂，这让我怎么帮你呢？”

“我是在龙哥的场子里输钱的，愿赌服输，也没什么好抱怨的。不过赢了工厂的小胡并不懂染织，他拿去也没用，而我输了工厂是一回事，手里的订单如果不能按约完成的话，我就信用就破产了，以后还怎么在这一行里混哪！”小姚苦着张脸，一副悔不该当初的模样。

立德有点不耐烦地问：“那你是什么意思呢？”

小姚转而用恳求的口吻，对着立德说：“我的意思是请龙哥找小胡打个招呼，晚三个月移交工厂，这期间我付租金，等我把订单完成了，再让他来拿工厂。”说完这话，见立德没有不同意的表情，接着又说：“因为我知道在龙哥面前，只有你说得上话，而小胡一定肯卖龙哥这个面子的，这样我也就死里逃生了。”

“行吧，我这就去找龙哥，你等我的消息。”立德站起来拍拍小姚的肩膀。

立德赶到黄龙处，刚开口提到小杨送来的30万元时，黄龙就挥挥手，打断了立德的话，说道：“都是自己哥儿们，这事就不要提了，不够的话再告诉我。”

立德然后将小姚的事告诉了黄龙，看看他愿不愿意帮忙。

如同预料的那样，黄龙二话不说，就应承下来了。

立德从黄龙处赶回，还没进办公室，就听到电话铃响了，还是小姚打来的。立德说："事情办妥了，你来我公司一下。"

放下电话没五分钟，小姚就喘着气，冲进了立德的办公室。显然在立德出去的时段里，小姚一定没回家，就在附近等候着，并不停地拨打立德办公室的电话。

立德对千恩万谢的小姚说道："事情是替你办成了，但你得答应我一个条件。"

"不要说一个，一百个都行。"小姚迫不及待地说。

"就是你从今以后不能再赌博了！"

"经过了这次的教训，我以后哪还敢呀。"

"另外，我替你谈的条件是欠款可以分期还，以工厂作为抵押，年利十分，分三年还清。"

小姚突然跪倒在地，磕了个响头，说道："立德哥，你真是我的再生父母！这工厂，我送你百分二十股！"

"股份就免了，但以后只要是我的单子，你能给我个好价钱，优先处理，我就感激不尽了。"立德笑道。

"那是自然的。以后你的事就是我的事，一定优先办，尽全力办好！"

第九章 山河破碎风飘絮 身世浮沉雨打萍

（时间：1975年）

1. 选择

林伟进到荣发的客厅后，一直没怎么讲话。黄妈妈泡了杯茶递给林伟，就到厨房去忙了，剩下荣发和林伟两人对坐着。

荣发见林伟拿着杯茶，坐在那里好一会儿，还是没开口，终于忍不住地打破缄默，问道："你今天怎么了？半天没说一句话，有什么心事说出来，大家商量商量。"

林伟迟疑了一下，说道："今天道和来信了，问我要不要去美国？"

"这有什么好伤脑筋的，去或者不去，不就一句话吗？"荣发不解地问道。

林伟看着茶叶上上下下，小声说道："现在台湾在国际上处境真是风雨飘摇，自从尼克松访问大陆，中美发表《上海公报》后，除了中日建交，其他几十个邦交国都抢搭和中国建交的快车，而台湾经济也不好，物价飞涨，所以很多人想移民国外。"

"这不就得了，而且道和也做得不错。你有这条件，我们想走还走不掉呢。"

林伟端着茶杯，茶叶已慢慢沉淀下去了。"多难兴邦，我如果这时走了，当年就不会舍弃学业参加青年军了，"他说，"而且刘菲的父母正也在办手续，我要去了，不是让道和夫妻左右为难吗？"

荣发摇了摇头，说道："你既有这顾虑，那就不要去了。"

"唉，我离开家乡二十几年了。我走的时候，父亲身体就不是很好，即使现在回去，也不知能不能见到他们？假如我留在台湾，这辈子恐怕是见不着他们了。现在中美可能会建交，说不定还有机会回乡一次，所以我才无法拿主意。"

荣发听了这话，没出声，似乎林伟的一番叙述也勾起了他的思绪。

正当林伟坐在荣发家里时，立德也在小季家。他看着忙忙碌碌，但洗尽铅华，招呼着自己的小妹，与前天晚上也招呼着自己的丽娜，是怎么也联想不到一起的。

前晚陪几个客人到新加坡舞厅时，还没有点小姐，丽娜就已和姚大班一起过来了。姚大班满面遗憾地对立德说：“今晚是丽娜在我们这儿的最后一晚，她坚持说今晚只坐张老板的台子。”

立德看着轻施粉黛的丽娜，惊讶地问道：“你不做了？”

丽娜直视着立德，摇了摇头，没说话。

立德对姚大班说：“我要带丽娜出场。”然后和客人们打了招呼，就提前告退，陪着小妹在街上散步。

西门町满街闪烁着霓虹灯，小妹走过灯下，一下被染成红色，一下又被染成了绿色，但以往酒绿灯红的生活，终于要告别了。小妹有种解脱感，尽管私心里仍不免有些失落，因为白白耗费了这几年的青春。立德也是感觉了小妹的这种情绪上的细微变化，他想伸手环抱一下小妹的肩膀，又突然惊觉地把手收回。但小妹却已伸出手来，挽着了立德的臂弯。立德惊愕了一下，打破了沉寂：“你真的想好了？”

小妹“嗯”了声，看着立德说道：“我心里其实是盼着你今天会来。还好，你真的来了。”

立德避开小妹的眼光，却把小妹的手握得更紧了。

回到光华新村，小季和阿兰见小妹终于搬回家了，都好高兴。坐在轮椅上的小季，指挥着阿兰忙进忙出的去招呼立德。阿兰却想拉着立德问长问短，直到小季觉察到阿兰的用心，使了个眼色，对阿兰说："我累了！你推我进房去休息一下。"

客厅里只剩下立德和小妹对坐着，享受片刻的宁静。小妹羞涩地笑道："立德哥，好久以来都靠你照应，真的非常感谢。"

立德领悟到小妹父母的期许，也感受了小妹的情意，心里由衷地高兴。"小妹，为你做任何事，我都是心甘情愿的。"可话一出口，立德觉得不妥，忙不好意思解释地说："对不起，我不是那个意思。"

"那是什么意思呢？"小妹问。

立德顿时面红耳赤，一时不知说什么好。

小妹本想再捉弄一下立德，但转念一想，又收回了问话。正巧窗外有三个女学生，嘻嘻哈哈地骑着脚踏车过去，小妹的眼睛随着她们转了话题，说道："现在的条件比以前好太多，我们以前脚踏车是奢侈品，想都不敢想。"

立德终于接口道："我们那时也只有玩玩捉迷藏、官兵捉强盗之类的游戏，只是再想回到过去的日子已是不可能了。"

2. 哲人其萎

一路东张西望，黄龙没有听到任何声响，光华新村显得异常寂静。迎面见到有志，黄龙高兴地叫道：“有志，没想到你也回村里来了！”

有志做了个安静的手势，说道：“嘘，现在是蒋‘总统’丧事期间，别太高兴。”

一家住户的收音机中，正播出着因为蒋中正逝世，全台举丧十日的新闻。光华新村里传来一片呜咽声，王伯伯坐在大门口，哭得尤其伤心：“老‘总统’啊，你老人家答应带我们回家的，现在你走了，留下我们怎么办啊……”

老戴远远地瞅着王伯伯，可又不知如何劝解，却见他隔壁的赵伯伯走到他面前，默不作声，并排坐下，也开始哭泣起来；然后陆陆续续有男女居民加入，有大声哭的，也有默默饮泣的，好像大合唱一样。黄龙这时才领会到村中众人的情绪，但兴头不减，仍对着有志说道：“我就是因为全台举丧，所有娱乐节目都停止了，没有事做才回来的。你呢，不是搬出村子了吗？”

“我是昨天回来的，陪家里人去‘国父’纪念馆与‘总统’遗体告别，结果排了八个小时才轮到进去，回来太晚，所以在家里住了一晚。”有志压低声音说道。

意识到周围悲戚的环境，黄龙也不得不降低了声调：“我今天恐怕也要去排队了！”

这话真被黄龙言中了，荣发一家人，包括黄龙的弟弟及两个妹妹，都是白衫黑裤或黑裙，佩戴黑纱，浩浩荡荡地前往孙中山纪念馆，排在长龙后面，等着队伍缓慢地往前移动。在漫长的等待中，彼此刚开始还有些交流，到后来可能该讲的都讲完了，大家越来越沉寂，果真天塌下来一般。

等进了大厅见到棺木，所有隐藏的情绪都爆发了。站在前面原籍山东来的徐老太，趴在地上号啕大哭，一口气上不来，哭晕了过去，好在现场有医护人员，马上施救；可刚照顾完前面一个，后面又有人哭晕过去，如此周而复始地直至结束。

黄龙只听到林伯伯叹息道：“唉，悲的是回乡梦彻底灭绝了！”

3. 义与利

有志回到办公室，见有四个黑衣人坐在办公室外，他本想转身就走，但对方显然已看到了他，便只好硬着头皮进去。中间一个穿黑色西装的站起来，很礼貌地问道：“我是五湖的唐铨，你是李有志先生吗？”

有志心里七上八落地打着鼓，可嘴里还是很客气地应付道："哦，唐先生，有什么事吗？"

唐铨也是彬彬有礼地说："李先生，我们是受人委托，来代收账款的。"说完，他吩咐旁边的小弟递过来几份复印件，接着说道："这几份的出票人虽然是尤文晋，但都有李先生的背书，现在支票退票了，连同利息，一共238000元，请李先生给个说法。"

有志急红了脸，辩说道："这是尤文晋的支票，你们该去找他呀。"

唐铨笑道："假如找他要得到钱，我们早就去了，现在只有请李先生帮帮忙了。"

有志搔着头，紧锁着眉头说道："这可是笔大数目，我现在也没这么多钱，你们给我点时间，我会去找尤文晋商量。"

唐铨答应给有志三天时间。等这些黑衣人一离开，有志便赶到黄龙的歌厅，正巧立德也在。有志焦急地来回踱步，然后停下来对着黄龙说道："龙哥，我只是想帮帮尤美琪的忙，没想到惹火上身，搞到我头上来了！他们说三天一过，就要天天坐到我公司来，而且利上滚利，就不是这数目了！"

黄龙冷冷地看了有志一眼，说道："你不要再走来走去，烦不烦啊！其实这事很简单，就看你的意思啦。这么说吧，我们在外面混的，都是靠收账吃饭，我不能断人财路是吧？所以你要对尤美琪有意思，我去打招呼，可以打个折扣，你就认下来；你要没意思，我就把尤美琪的父亲找出来，任由他们处置！”

有志犹豫了一下，终于说道：“我是对美琪有意思，但救急不能救穷，我不能长期如此啊！”

“你喜欢一个人，就要接受她的一切，应该想方设法帮她解决困难才对。对了，来找你的是谁啊？”立德在一旁不以为然地插道。

有志答道：“是五湖帮的唐铨。”

立德“哦”了声，说道：“我跟唐铨很熟，可以约他出来

谈谈。”

有志忙不迭地答应，说那再好也不过了。

在有志的办公室里，唐铨跟黄龙和立德见面后，叫几个小弟先散了，然后爽气地答应道：“有立德和龙哥的面子，我们利息全免了，拿回本金八万元就好，不过不能拖，我还是要跟金主交代的。”

“铨哥，我明天就把钱送到你那里。”有志满脸堆笑回应道。

立德笑道：“有志，你好自为之，我还等着喝你喜酒呢。”

4. 否极泰来

街口的杂货店里一下子人头攒动，坐在轮椅上的小季笑容可掬地看着荣发及黄龙进来，忙说：“黄大哥，谢谢光临！”阿兰则叫小妹赶快去倒汽水待客。

荣发拱手行礼，笑容满面地贺喜道：“恭喜啊，没想到你们又回到阿兰养父的店里了。”

阿兰搓着手，高兴得嘴都合不拢。“是啊，阿荣哥在南部做生意，还不错，请阿公、阿妈去他那边了，所以要把店盘出去，我知道后就顶下来了，还亏小妹帮我们付的顶让费，真难为她了！”她说。

小妹走过来时，荣发父子都停止说话，把眼光转到她的身上，最后还是荣发先开口："小妹真是越长越漂亮了！"

小妹今天身着黑白相间的衣裙，未施脂粉，但看起来就是与众不同，清秀脱俗。她把手中的汽水递给荣发和黄龙后，笑道："黄伯伯、小龙哥，谢谢你们来捧场呀！"

黄龙趁着小妹招呼其他客人的间隙，悄悄走到她旁边，问道："你以后那边不去了？"

"我已经辞职了，现在美尔顿学英文，还另外请了老师在学国文和油画。"

"不过你以后靠什么生活呢？"

"这些年我也存了点钱，在八德路买了两套房子，一套留给爸爸妈妈养老，一套留给自己，现在都租给人家，租金也够我们开销了。"

"呵呵，真的很难把丽娜与你连起来，不过小妹，我以后还能来找你吗？"

"你还是我小龙哥，随时都可以来呀。"

黄龙苦笑了一下，没说话，停了会儿，转了个话题问道："立德知道吗？"

小妹简单地回了句："知道啊！"

立德搬了新的办公处所，比以前宽敞多了，除了自己独立的办公室，外面还有统间，也请了七八个职员，各人忙各人的事，看起来挺兴旺的。不过在立德自己的办公室内，还是比较简朴的，墙边摆了两个陈列柜放样品，一个书柜放文件，办公桌对面放了两张供客人坐的椅子。

立德忽然见黄龙走进办公室，问道：“龙哥，今天什么风把你吹到我这来啦？”

黄龙说：“最近所有娱乐场所生意都差，所以我也比较空，就逛到你这里坐坐，你现在生意怎么样？”

“我倒还好，这些年越战越打越厉害，所以做与军队有关的纺织生意都不错。说来好笑，我的一个朋友专门生产塑料布裹尸袋，居然也发财了！”

“是啊，靠战争也能赚钱，难怪战争停不下来。”

两人聊着聊着，黄龙装作不经意地冒出一句：“你知道小妹现在不在舞厅做了，蹲在家里要学英文，学画画，好像脱胎换骨，要重新做人了。”

立德漫不经心地随口应道：“这很好啊。”说完，感觉到黄龙这话有语病，忙补充道：“小妹她原来就很好，不能说是重新做人，而是充实自己。”

黄龙听了，脸色一变，说道：“好个屁！”

立德被黄龙粗鲁的言辞吓了一跳，心中虽不以为然，但不好接腔，只以质疑的眼光看着黄龙。

黄龙自己也马上意识到话不得体，不好意思地解释道：“立德，我好矛盾，又希望小妹好，可是她越好，就跟我距离越远，我就越没有希望。我当年跟刘菲好，可是因为两个人差距太大，才被那王八蛋兄弟乘虚而入，所以我好怕追都追不上小妹了！”

立德沉默了会儿，才缓缓说道：“你用心追，也不见得没希望。”

告别了立德，黄龙又去找有志。有志刚好在忙，猛一抬头，见黄龙进来了，赶紧从办公椅上跳起来，一面招呼黄龙，一面吩咐门外的职员去泡茶待客。待一切安顿好了，有志拿出一个厚厚的信封交给黄龙，说道：“这里有三万元，是你上次帮我摆平那案子酬谢。”

黄龙掂了下信封分量，似笑非笑地说：“听说你最近生意做得挺火，手里项目不少，越做越好啦！”

“托龙哥的吉言，现在生意还好。‘政府’搞十大建设，尤其是在建的高速公路，把建筑业都带动起来了。”有志不好意思地回应道。

黄龙不怀好意地笑笑：“那你现在发了？”

有志没注意黄龙的变脸，搭腔道：“还不是马马虎虎混口饭吃！龙哥，其实现在场面弄大了，开销也大，能够不亏，就算不错了。”

黄龙眉毛往上翘了下，眯起双眼打量着有志。“嘿嘿，我又不跟你借钱，你哭什么穷？据我所知，就我经手那案子，你起码赚了四五百万。”他说。

“龙哥，天地良心，要赚那么多，我早退休了。你也不是不知道，我们这一行方方面面都要打点，‘政府’要、议会要、监管要、媒体要、黑道要、白道也要，反正能沾上点边的，都要花钱，几层皮剥下来，还能剩多少？”有志见黄龙变了脸色，赶紧解释道。

“老子要养一大帮兄弟哪！最近兄弟们有些意见，说人家吃肉，我们连汤都喝不到，我们可是拿命在拼的，你自己看着办吧！”

“龙哥，这样吧，明天我再拿五万来，以后龙哥这边我有数了。”

走出有志的办公室，黄龙喃喃自语道：“真是蜡烛，不点不亮！以为老子是吃素的，还他妈的兄弟！一个议员就送十万，拿三万就想打发我！”

有志最近与尤美琪走得蛮勤的，跟她的父母也熟了。这天，有志兴高采烈地跑到尤美琪家，刚进门，尤妈妈就觉察到有志喜气洋洋的神色，问道："今天什么事这么高兴，是不是做了笔大生意？"

有志没有隐藏得意的想法，高兴地回道："也对，也不对。是有个案子刚通过，收益还不错，不过今天来是为尤伯伯的事。"

"尤伯伯的事？"尤妈妈惊讶地问道。

有志解释道："今天有个朋友找人，我推荐了尤伯伯，因为是管财务，要信得过的自己人，所以他就一口答应了。"

尤妈妈喜出望外道："那就太谢谢你了！"

有志不好意思地笑笑，四处张望了一下，说道："美琪在吗？我找她有点事。"

"她加班，还没回来呢。要不你等她一下，就在这里吃个便饭。"尤妈妈赶紧说。

有志推辞道："不了，我公司还有事，先走了。尤伯伯、尤妈妈再见！"

尤文晋、尤妈妈用感激的眼光，目送有志离去，然后尤妈妈转身抱着文晋，抽泣起来。

约一个小时后，美琪走下公共汽车，就看到有志站在那里，诧异地问道："你在等我吗？为什么不在家里等呢？"

有志笑了笑，说:“我有些东西要交给你，在家不方便。”说着，他将一个包递给美琪。美琪打开包，见里面全是钞票，连忙合起来说道:“有志，你这是什么意思？”

有志诚恳地说道:“这里是50万元，足够尤伯伯还债用了，这样你以后就不必每天提心吊胆地过日子。这钱算我借给你的，你慢慢还，免得去借高利贷。对了，你千万不要说是我借给你的，就说是方锦芳或随便哪个人好了。”

美琪的脸上呈现复杂的表情，有感激，有不知所措，更多的却是感动。“我怎么可以收你这钱呢？这太贵重了！”她说。

“你别多想。为了怕你误会，我暂时不会来找你了。”有志一边说着，一边转身急忙离去。

第十章 二十四桥仍在 波心荡 冷月无声

（时间：1980 年）

1. 移民

小季的杂货铺生意不错。因为腿脚不方便，小季都是坐在柜台后收钱的，阿兰则前前后后地招呼客人。那天小季看到老戴夫妻进来，忙转动轮椅到柜台前面迎接。

老戴赶忙对小季招呼道："小季，你坐在那里别动，我们只是来看看你的。"

小季转头叫道："阿兰，戴家大哥大嫂来了，你过来帮忙招呼一下！"

"别忙，我们坐坐就走，"老戴说着，脸色带着些凄凉的表情，"我们夫妇是来辞行的，下星期就要离开这儿了。"

小季问道：“戴大哥，你也跟李政一样要搬家了？”

“哪里，我怎么能跟老李比？他卖牛肉面发财了，而我是去投靠女儿的，这是两码事。”

“戴大哥，你们要移民美国？”

“是的。小霞和道孚已经结婚三年了，因为是二婚，所以没敢惊动大家。去年中美建交以后，台湾人心惶惶，美国人又从越南撤兵，我都不知道这里会变化成什么样。所以他们替我办了移民，我也没反对。”

小季转动着轮椅到戴伯伯跟前，握着对方的手说：“这么多年一直承蒙照顾，你们是我在台湾唯一的亲人！”

老戴也颇有感触地说：“我也是把你当自己的子侄，以为会一直留在这里，将来一起回老家的。可是现在情势一变，我们年纪都大了，留在这里也出不了什么力，只有靠女儿女婿近点，如果有什么事还可多个照应。”

小季叹息道：“唉，当年搬进这里的时候，不要说我，戴大哥你们也都年富力强，以为马上要回去的。那时候每天喊着‘一年准备，两年反攻，三年扫荡，五年成功’的口号，谁知道一晃这么多年，大家也都老了。”说到这里，小季伸手抹去眼角上的泪水。

戴妈妈也哽咽起来：“我们这辈人，从出生起就是战乱，没过一天好日子，我们最好的岁月都在这里度过了。其实家就是回忆，光华新村是我的家，每个人都是我的亲人，我哪里舍得离开这里！”

老戴接道：“是啊，我们最好的回忆都在这里了。”

老戴夫妻走后，小季感伤地自言自语道：“恐怕林伟林大哥也要移民了。”

其实林伟垂头丧气地从出入境管理处出来，荣发三步并作两步地上前问道：“怎么样，拿到没有？”

林伟摇摇头，没说话。

荣发又问：“你没有告诉经办人员，美国方面已经批准了你的移民申请？”

林伟点点头，还是没说话。

荣发叹口气，说道：“既然办不成，就干脆留在这里了！”

林伟终于开口：“其实我原来并不想移民的，现在美国和中共建交，让我回家的梦又近了一层。可他们总拿过去说事，说我思想有问题，不给我身份证件。这些官僚，他们忘记了是怎么丢掉大陆的！”

“那你现在怎么办？”荣发沉默了会儿，问道。

“还能怎么办？等吧！可人一辈子能有多少年呢？我的大半辈子都奉献给了‘国家’，不知道我还可以等多久？”

“你儿子在国外，还是有希望的，可以等。可我们要想回家看看，就只有等下辈子了！”

2. 蝶恋花

在美尔顿英文补习班，下课后的小妹静静地坐在教室中，整理着上课的笔记。旁边突然响起声音，是外国腔的华语：“有没有问题？有不懂的，我现在还可以教你。”

小妹抬起头来，是刚才代课的老师周保罗，他第一堂课就介绍自己：“我是土生的美国华侨，俗称ABC，American Born Chinese。”然后就噼里啪啦地讲了一大堆英文，引得学生们面面相觑，不知道他在讲些什么。

保罗接下来用蹩脚的中文，吭吭巴巴地解释他每一句英文的意思，再将所有英文词句都抄在黑板上。他的意思是他身为第二代华裔，来台湾是为了学好中文，将来可以寻根，也很想与大家成为朋友。

小妹这才打量着这个名为老师的小伙子，年纪应该在二十几岁，但因为穿着运动衫、牛仔裤，显得非常年轻。看着离自己这么近，这么帅气、稚气且带几分洋气的面孔，与以往所有结交过的和认识的人都不相同。她见周保罗的脸离自己那么近，心跳忽然加速起来，急促间，几乎忘了回答。

“有没有我可以帮忙的？”保罗又问了一遍，然后不厌其烦地替小妹复习了所有的笔记后，说道：“我还不知道你的名字呢。”

小妹想了想，说道：“我叫季菊瑛，不过大家都叫我季小妹。”

保罗发了几次音，都不太准，于是说道：“我还是叫你May（妹）吧。”

“我倒是五月(May)生的。”小妹开心地笑了起来。

面对小妹的笑容，保罗也显得非常高兴。“我要到美国在台协会去办些手续，妹，你可以告诉我怎么走吗？”他问。

“当然可以，我陪你去车站。”

两人刚出校门，见黄龙已等在外面了。黄龙看到小妹，忙走上前来说道：“小妹，你今天下课比较晚嘛。”

小妹顿了下脚，气急败坏地说道：“我说过请你不要来这里等我的！”

黄龙没理小妹的茬，而是用挑衅的眼光看着周保罗，问道：“这位是谁，我没见过？”

小妹爱理不理地回道：“我的老师周保罗。”

保罗看看两人的表情，忙说道：“我已经知道车站在哪儿了，谢谢！”然后转身离去。

目送着保罗走远，小妹回过头来声色俱厉地说：“小龙哥，我再说一遍，以后我不希望在这里看到你！”

黄龙的气势一下子弱了许多，用几乎央求的口吻说道：“我只是来看看你嘛。”

“可我不想在这看到你，我怕别人误会！”

“误会？我不误会人家，还怕别人误会我！”

“你要是再到这里来的话，我就休学了。”

“好好，我以后不来就是了。”

黄龙像斗败了的公鸡，一下子没脾气了。

带着一天的疲惫回到家里，立德没顾上烧晚饭，连衣服都没换，就躺在沙发上打盹。自从搬到公司附近的公寓后，没有了父母的照应，生活就更不正常了。这时，一阵门铃声将立德吵醒，立德惊讶地看着门外的小妹，怎么这时候她会来这里呢？

小妹用清澈的眼睛看着立德，开门见山地说道：“立德哥，有空吗？我请你吃饭，我有话要跟你说。”

两人漫步到附近的小馆，小妹显然志不在吃，便各叫了碗面，要了些卤菜，慢慢吃起来。

饭桌上，小妹王顾左右地东拉西扯，立德有些忍不住，问道:“你不是有话要说吗？”

“这里人多，不方便说话，等等再讲吧。”

离开小馆后，小妹依旧挽着立德的臂膀，在街上踱步，两人仍没有言语，时间好像停顿一样。过了好久，快到小妹家门口了，她才开口道:“最近有个美籍华裔在追我，他是我英文学校的老师。”说到这里，小妹止住了，像是等待立德的反应。

过了好一会儿，立德才问:“那龙哥是怎么反应？”

“我请他以后少来学校找我，就没见他了。”

“其实龙哥是动了真感情的，可这事又是勉强不来的。”

“我把小龙哥当做哥哥的，没法和他谈感情。”

立德沉默着，想要继续走下去。小妹却转过身来，面对立德:“立德哥，我就要你一句话，你喜不喜欢我？”

立德踌躇了好久，终于说道:“喜欢，非常喜欢！但是我不能和你在一起！”

“可我和小龙哥是不可能的。你宁愿我和别人好，也不肯同我在一起吗？”小妹生气地责问道。

立德的颜面开始收缩，脸上的线条显得十分僵硬，声音也变得软弱无力:“小妹，你可以和全世界的人好，就是不能同我好；我也可以追求任何女人，但就是不能追你。因为龙哥要追你，而我和他是结拜兄弟呀。”

“兄弟，兄弟，你就知道兄弟！你顾及过我的感受吗？凭什么我的命运由你们来决定？我喜欢你！我喜欢的是你！我要嫁给你！”

立德终于将小妹拥入怀中，紧紧地抱着：“小妹，我也好喜欢你啊，但是我不能！”

小妹将立德上身略略推开，然后去吻立德的嘴唇。立德再也无法控制住自己，呆呆地迎候着小妹的红唇。当双方唇舌开始互会时，两人的躯体也起了反应，都想用力融入对方的体内。

3. 兄弟情

黄龙约立德一起吃晚饭，立德因为有些事务需要处理，所以到得比较晚。等立德赶到时，黄龙已点好了菜，正自饮自酌。黄龙拿起酒杯，对立德说道：“我们先干了这一杯！你知道小妹交男朋友了，我什么人都不怕，就怕栽在这个小丫头手里。明明知道她是怕那小白脸误会，不让我去学校找她，我还真不敢去了！”

立德惊讶黄龙赤裸裸的坦白，只有将杯中的高粱酒一饮而尽，然后对黄龙说：“龙哥，天下女人多的是，你何必一定要小妹呢？更何况你现在都好几个女朋友。”

“那不一样。这些女人都是逢场作戏，跟我是各有所求，各取所需，但我对小妹是真诚的，刘菲是我初恋，小妹是我至爱，不能因为我是混的，就以为我们一定没有真感情！”黄龙自顾自又倒了杯酒，干了后，声调开始高昂起来，“初恋时，两个人都是懵懵懂懂的，后来慢慢弄清楚是怎么回事，分手很正常！”

黄龙说到这里，突然暴怒起来，拿起个酒杯就往地上一摔：“我气道和是我兄弟，怎么可以这样做……没酒了，再拿两瓶过来！”

当服务员战战兢兢地送酒过来时，立德连忙接过，挥挥手让他们快走，又劝说黄龙道：“事情都过去好久，别再提了。”

“如果道和追的是小妹，又做出这种事的话，无论天涯海角，我都要找到他，非剁了他不可！”黄龙一边说着，一边张牙舞爪地做出要砍人的模样。

立德看着有些醉意的黄龙，不知如何接腔。

黄龙又自顾自地干了两杯，对立德说：“想当年我们四个人拜把子，只有你是我的真兄弟，有志则有事有人，他自己吃香喝辣时就找不到人了，而道和最不是东西！”

立德见黄龙拿着酒杯的手抖个不停，知道他已过量了，就招呼黄龙的两个随身赶紧扶黄龙回去。原来黄龙外出，至少有两个小弟随从，而且黄龙的座位一定是背靠墙壁，面对大门。

两个小弟是不喝酒的，所以两人刚扶好黄龙。背对大门坐着的立德也站起来，走向前去，想帮帮忙。不料他刚一转身，突然感觉到一股萧杀的气息，就看见两个蒙面人正拿着武士刀闯了进来，他连忙对两个小弟喊道："快扶着老大从后门走！"

说话间，两个蒙面人已冲了过来，立德掀起圆桌面，挡在餐厅的过道上。黄龙受此惊吓，酒也清醒一半，赶紧躲进厨房，但立德避走不及，背上被砍了一刀，躺倒地上。黄龙见状，端起炖在灶头上的一锅热汤就往对方头上泼去，痛得那个蒙面人哇哇直叫，扔了武士刀就抱头鼠窜。

立德尽管背上挂花，好在没伤到筋骨，只在医院缝完伤口，休息几天便没事了。

黄龙去医院看望立德，满脸歉意地对他说："我请你喝酒，倒让你挨上一刀，真不好意思！"

立德笑笑，说道："我没什么，你倒是要小心哦。"

提及那天的飞来横祸，黄龙解释道："这些年我在道上混，不知道得罪了多少人，以后这样的事恐怕也难免。"

"叫我每天过这种日子，不被砍死，也发心脏病吓死了。不过我倒真有一事相求，不知可不可以？"立德说。

"什么事，你说？"

"是小妹的事。她既然要交男朋友，你就放下吧。"

“是她跟你说的，她要交男朋友了？”

“不是你告诉我的，说她有个小白脸男朋友？”

两人正说着，小妹手捧鲜花进来，见黄龙也在，迟疑了一下，叫道：“小龙哥，你也来了。”似乎还是觉得有点尴尬，便想去外面找个水瓶，把花插起来。

立德笑着说道：“小妹，你来得正好，我们刚还说起你呢，听说你交了个年轻英俊的男朋友。”

小妹看了眼立德，说道：“是交了个男朋友，年轻英俊是谈不上，就是胆子小了点，反正我喜欢就好。”

“那恭喜你了！什么时候请我们喝喜酒啊啊？”黄龙继续问道。

小妹浅笑道：“谢谢小龙哥，他还没向我求婚呢。”

第十一章 江湖多风波 舟楫恐失坠

（时间：1984—1985 年）

1. 热血

已经是下午三时许了，还没什么客人，林伟与荣发坐在“老李牛肉面店”里聊天，一瓶高粱酒已经去了大半，李政也带了只杯子加入。

李政自顾自地干了半杯酒后，说道：“自老先生走后，经国先生做得不错，现在物价平稳，高速公路通车，沿路也都开发起来了，经济效益还真不错。怕的是经国先生有糖尿病，身体比较差，他可千万不能出事！”

“所以蒋二公子已经插手许多事，做接班准备了。”荣发也把杯中酒干了，接道。

林伟左右张望了下，见店里已没别的客人，这才叹口气道:“唉，可惜的是蒋家基业恐怕要败在这几位公子哥儿的手里了。蒋二公子已经接手情治单位，但他没什么实务经验，怕就怕下面人只知奉承，一个错误的决策就可以影响台湾的前途。”

“现在是什么时代了，还有传承！”荣发想了想，说道，“不过听说蒋二公子喜欢结交江湖人士，我倒是担心小龙，怕他不懂世道险恶，被人利用；如果出事的话，就是大事，到时候就不好收拾了。”

林伟听到这话，再不言语，自己满了杯酒，仰头一饮而尽。

有志约了立德、黄龙餐叙。坐定后，有志先举起杯来，说道:“龙哥、立德哥，最近因为事情特别忙，好久没向两位哥哥请安了，我先自罚三杯，表示歉意。”说完，他连干了三杯。

黄龙用调侃的语气问道:“说吧，有志，你是不是又有什么事要找我去摆平了？”

有志急忙回道:“龙哥，你误会了，今天什么事都没有，就是我们哥仨聚聚，完全没别的意思。”

“那好，要不今天我们就只谈女人。”黄龙打了个哈哈说道。

立德笑道："有志，听说你快跟尤美琪结婚了，忙得很，没时间跟兄弟们聚。也是正常的。不过美琪是好女孩，你就少在外面鬼混了。"

"我哪里敢呀，"有志尴尬地笑了笑，转而问道，"立德哥，你到现在都不结婚，是不是蛮奇怪的？"

这回轮到立德尴尬了，他吞吞吐吐地说："我是有个女朋友，但现实有困难，不能结婚，所以我准备分手，不能耽误她的青春。"

"立德，真有你的！我都不知道你交女朋友了，下次带出来让哥儿们看看！"黄龙兴奋地说，接着又搔了下头，显出困惑的表情，"你们有什么困难，是家里反对吗？"

立德不置可否地"嗯"声。黄龙追问道："是你家里还是她家里？"

立德不得不表态："双方都有。"

黄龙说："你们都是成年人了，管他谁反对，先结了再说！"

"我还是等龙哥结了婚，我再结吧。"立德应道。

黄龙大笑："哈哈，你还赖到我头上来了！莫非我不结婚，你就一辈子打光棍？"

立德感觉这话说不下去了，便摇摇晃晃站起来，装作去洗手间的样子。有志看着立德走远，马上给黄龙添酒，眼睛看着酒杯，嘴上却问道："龙哥，你跟蒋二公子熟不熟？"

"你有事要找他吗？"黄龙明白这才是此次聚餐的主题。

"也没没什么呀，只是现在蒋二公子权倾朝野，哪个不拍他的马屁？有他一句话，事情会好办很多。"

"其实'军情局'的人也找过我，我跟蒋二公子在不同场合也见过几次面，喝过几次酒，不算很熟，"黄龙沉吟道，"不过你的那些屁事，我是不会去找他的。当然，如果他们来找我，应该是民族的大事，我当义不容辞。"

2. 不测风云

立德睡眼惺忪地刚打开门，黄龙和小虫就侧身挤了进来。黄龙推开立德，赶紧把门关上，又把窗帘拉下。立德愕然地看

着黄龙这些动作，黄龙又做着手势，止住立德的问话。

“我和小虫可能要在这里住几天。”黄龙轻声说。

立德点点头，问道:“你这是杀了人还是被人家追杀？”

黄龙摇摇头，说道:“都不是，是‘一清专案’在找我麻烦。”

立德炒了个蛋炒饭，开了两瓶啤酒，黄龙和随从小虫便狼吞虎咽地吃将起来。等到立德收拾好桌上的餐余垃圾，黄龙才慢慢解释道:“这事情要从刘宜良这个人讲起，他用笔名‘江南’写了本《蒋经国传》，引起了蒋二公子的不满，结果军情局就征召了陈某某、某联帮帮主及两位兄弟，前往美国进行锄奸活动，完成任务后立即飞返台湾。但刘宜良是美国联邦调查局FBI的线人，于是老美就要严查。这一追查，就查到台湾来了。本来‘军情局’想弃车保帅的，没想到陈某某事先留了一手，把事情的来龙去脉都留在录音带中，交到美国的兄弟白狼(张某某)手中，以备保命之用。唉，我们这些外面混的，就像以前杜月笙杜先生说的那样，都只是夜壶，急的时候，当局会拿来用一下，他妈的用完后就丢在一边了！”

立德接道:“这就是狡兔死，走狗烹啊！不过这事跟你有关系呢？”

“你不知道，‘政府’开始时弄个‘一清专案’是想找个名目把陈某某他们抓进去，然后借此顺便把全台湾的黑社会来次全面打击，”黄龙继续说，“现在录音带一公布，他们只有一不做，二不休，在全台抓人了！”

“政治是黑暗的，我们小老百姓只有听命的份！”立德冲黄龙说道，“龙哥，你就在这里躲过风头再说，我明天去帮你们买些换洗衣服，顺便带几本武侠小说，你们就安心地避一阵吧。”

原来，军统出身的美籍华人刘宜良传言因写作《蒋经国传》，被台湾军事情报部门派人追杀。此事后来引发了美国与台湾之间的轩然大波，成为蒋氏父子政权由盛及衰的一个转折点。台湾由此执行‘一清专案’，逮捕全台黑帮人士 3000 余人，但由于帮派大佬皆集中关押，而狱中的恩怨又引起帮派间合纵连横，使得帮派有了质的改变，此乃当局始料所未及。

3. 终局

荣发看到黄龙进门，又是惊恐，又是不舍，本想举手揍儿子的，可马上收手，只是开口骂道：“你还晓得回来啊！前一阵‘警备总部’的人来家里找过你几次，就知道你在外面又闯祸了，你还回来干吗？”

黄龙看着头顶微秃的父亲，心里涌升起些许歉疚，也有怜悯。但他仍不服气地应道："其实我又没犯罪，为什么要逃？"

"你去混太保，就是犯法！"

"我们这些人不爱读书，又没别的本事，不混能干什么？"

这时，外面响起敲门声，父子俩面面相觑，惊觉到多半来者不善。荣发赶紧一扯黄龙，示意他往后门走。黄龙反而镇定下来，对父母说："妈，你去开门。"

黄妈妈去开门，果然进来两个穿中山装的人，她的脸都吓白了，忙冲屋内喊道："小龙，快跑！"

黄龙笑笑，走出来对来者说道："放心，我不会跑。让我跟爸爸妈妈讲两句话，就跟你们走。"然后跪下身来，对父母连磕了三个响头，动情地说："两老在上，我对不起你们，让你们受惊了。不过我从没做过对不起良心的事，你们放心，没大事的！"

黄龙站起来，被戴上了手铐。临出门时，他又转过头，对父母喊道："你们有困难就去找立德，他就是你们儿子！"

林伟坐在烧饼店里，听着客人们七嘴八舌地谈论着最近发生的大事，包括江南一案及衍生的问题正成为近期的焦点所在。

一个头发花白、戴眼镜的老头说道："蒋家气数尽了，经国先生最近在接受美国《时代》杂志采访时，特别声明说，以后台湾领导人将选举产生，从没有考虑由蒋家人继任。这样看来，将来台湾不晓得会变成什么样子了！”

一个年轻人接道：“蒋家想接班也没有人啊。蒋二公子捅出那么大的漏子，现在外放新加坡，再也没希望了！”

烧饼店的老板老徐，则周旋在客人中间，不太说话。老徐心想，如果在家乡，自己无钱无势，可能什么都不是，后来走投无路去当兵，又随军来台，凭着年轻时学的这一手，现在楼也买了，娶了老婆，还生了儿子，人生所求不过如此，至于当局者的事，关我屁事，只要能维持现在这样生活，就心满意足了。

林伟看看外面的天，阴沉沉的，不晴也不雨，说不清是什么天气。

第十二章 潮打空城寂寞回

（时间：1987 年）

1. 乡愁

王伯伯兴冲冲地跑到隔壁，尹伯伯诧异地问道：“什么事这么兴奋？”

“你知道姜思章这个人吧？他一直在为老兵返乡奔走出力。他这次组织了一个母亲节活动，名叫‘妈妈，我好想你哟’，是专为我们老兵筹划的，我们一起去，给当局者一点压力，说不定我们还有回去的希望！”王伯伯眉飞色舞地说道。

尹伯伯和王伯伯到达“国父”纪念馆时，广场上已挤满了各地赶来的老兵。只见台上的老兵们身着白衬衫，用鲜红的颜料在衬衫的正面写着“想家”，反面则写着“妈妈，我好想念你哟”，他们一字排开，并且高举着“骨肉隔绝四十年”、“白发娘，盼儿归”、“抓我来当兵，送我回家去”等标语牌。不知是谁开的头，先只是小小的呜咽声，不久哭泣声便越来越大，后来引起全场的共鸣，台上台下上万名老兵哭成一片。

尹伯伯意外看到荣发和林伟也来了，后来又见李政也在，荣发诧异地问道:“你今天牛肉面店不开了？”

李政点头道:“谁没有父母？如果能回去的话，我这店宁愿不要了。”

“四十年了，即使可以回去，父母也多半不在了。为人子女者，生不能尽孝，不能送终，实在悲摧啊！”说到这里，尹伯伯又开始抽泣起来。

小季由于健康原因，没有去参加老兵的母亲节活动。

这天，小妹将手中的信封交给父亲，说道:“爸爸，我托香港朋友转往老家的信，收到回信了。”

小季的神情顿时紧张了，一边问，一边接过信封:“是回信来了？”因为手颤抖得厉害，拆不开信封，只得女儿帮他将信纸抽出。小季边看信，大颗大颗的眼泪边掉下来。站在一旁的阿兰及女儿都吓住了，小妹连忙伏在轮椅边上，问道:“爸爸，你怎么了？”

小季呼吸急促，发不出声来。阿兰赶紧倒了杯水，小妹也轻轻拍着父亲的后背，帮他顺过气来。

阿兰满脸焦急地问："小妹，这信里到底讲了些什么？"

"没说什么呀？只是告诉我们，爷爷奶奶的身体都不大好，尤其是奶奶，已经不太搞得清楚外面的事情了，但嘴里总在念叨爸爸的名字。"小妹答道。

"我要回家。我要回去看我妈妈！"小季已经缓过气来，脸上的泪水和鼻涕连成一片，眼睛看着远方，然后伸出手抚摸着蹲在一旁的女儿的头发说道，"小妹，我们一家人一起回去，也让爷爷奶奶看看你，看看他们的孙女！"

小妹安慰父亲道："我想当局者很快就会开放探亲，我们的愿望一定会实现的。"

2. 道是无情却有情

台湾方面终于开放老兵探亲了，尽管还需要经第三地转机，却至少给所有思乡的人，开启了一条通往大陆的小径。小季知道后，兴奋得不得了，不只是天天，而是时时吵着要回去。不过小妹经过仔细查询后，认为现在返乡或许仍存在许多现实的困难。她对坐在轮椅的父亲解释道："不是我们不让你去，是实在不方便。你想呀，飞到上海后，要转三十几个小时的火车，然后还要乘长途汽车，即使撇开等车、转车的麻烦，这么长时间你怎么上厕所？即使能上，也是蹲厕，脏兮兮的，你受得了吗？”

“最重要的还不只是你的身体，而是大陆尚缺乏照顾残障人员出行的相关公共设施，你怎么上下车？上车后怎么安放你的轮椅？大陆的车辆普遍乘客又多又挤，还抢位子，如果你现在去的话，可能路上要辗转老半天还到不了老家。”阿兰补充道。

小季沉默半天，最后以决断的语气说道：“那好，我暂时不去，由你们母女代表我回去！”

阿兰说道：“我们走了，谁来照顾你？要去只能小妹一个人先去。”

“小妹一个人去我不放心。”小季不同意。

小妹蹲在轮椅前面，委婉地劝说道：“爸，我也是三十几岁的人了，有什么不放心的？”

小季叹道：“是爸爸妈妈拖累了你，害你年纪轻轻就要出去挣钱养家，连找对象的时间都没有。如果你结婚了，即使有男朋友也好，你出去，我就放心多了。”

“爸爸，你放心，追我的人可多着呢，只是我还在挑选，没决定罢了。”

“那好，你明天就带一个回来，可以陪你去大陆的，这样我就放心了。”

小妹目瞪口呆地看着父亲，小季却自顾自地移动着轮椅走开了。

立德站在门外，几次想伸手按电铃，可又缩了回来。小妹在一旁看着，露出有趣的笑容，最后捉住立德的手，帮他按了下去。

阿兰打开门，看是立德，惊讶地说道：“是你呀，立德！你们可瞒得真好！”

其实上次立德帮小妹搬家时，小季夫妻就猜测出了一些眉目，但后来就再没见过立德，问起来，小妹总没明确答复；问急了，她还会不耐烦地发火，以为两人闹别扭或者分开了，因此今天再见到立德，老夫妻俩特别高兴。

小妹狡黠地拉着立德的手，到了小季面前，问了句：“爸爸，你还记得立德吧？”

小季高兴地说：“当然记得，这样我就放心了。小妹的爷爷奶奶将来如果看到你，不晓得会多高兴哪！”

小妹的脸上堆满笑容，同时冲着立德眨了眨眼睛，立德只好回应道：“季伯伯，你放心，我会照顾好小妹的！”

告别两老后，立德埋怨小妹道：“我到大陆去是有业务要谈，没说陪你回乡呀，而且我和你说过，有龙哥追你一天，我就不可能娶你，尤其是现在龙哥还在管训中，我更不可能乘人之危，与你进一步发展关系的。”

“你就这样讨厌我吗？我不喜欢龙哥，难道你希望我嫁给他？”小妹撅起嘴，赌气道。

立德急忙回道：“不不，我不是这个意思。只是有龙哥追你，我不能横刀夺爱，因为我们是好兄弟。”

小妹瞪了立德一眼，似笑似嗔地道：“我不管这些，你陪我回乡去吗？”

立德忙不迭地答应道：“陪，当然陪！”

3. 返乡

小季千叮咛、万嘱咐地关照女儿注意旅行中的各种事项，反反复复，巨细无遗。听到后来，小妹都烦了，做着个鬼脸对父亲说：“这些话我都听了N遍，你实在不放心的话，你就对立德说，他会帮我记住的。”

小季仍是对女儿说：“记得跟爷爷奶奶说，我是因为身份敏感，才不能回去的。你可千万别说起我断腿的事，同时把我们这次拍的照片，拿给他们看，表示我身体很好，请他们不要担心。”

立德也向小季保证道：“你放心，你不能回去的事，一定会照你的话解释的。”

立德和小妹几经周折，才上了飞机。小妹坐在机舱内，显得有点心神不宁，一直到飞机起飞，才松了口气，笑道：“终于起飞了，我还一直担心你临时变卦呢。”

立德问道：“我是这样不负责任的人吗？”

“你是一个负责任的人吗？”

立德尴尬地笑笑，没敢接茬。

“你们两位也是回大陆探亲的吗？”这时，坐在机窗边的一位老先生问道。见对方同时点头，老先生又笑道，“我姓唐，唐朝的唐，叫唐维民，是安徽合肥人，这次是回老家探亲。因为看你们两位这么年轻，又没有陪同长辈，不像是回乡探亲的，所以才冒昧地问一句。”

小妹说：“真巧，我们也是到合肥的。我父亲因为行动不方便，没法回大陆，所以由我代表。”

立德也张口问对方：“唐老先生，我们是去牛头沟，你是合肥的哪里？”

“我去如意村，离牛头沟就百把里，我们也算小同乡了。”唐维民答道。

还是立德问：“唐老先生，你也在军界服务吗？”

唐维民点头道：“我是军校十五期的，抗战、剿匪，没少打仗。退役下来后，本来在一家国民党党营事业里挂了个顾问的名义，为了要回去探亲，怕惹麻烦，索性把那职位也辞掉了，现在可是真正的无业游民。”

立德顺着话题再问：“那你老家里还有什么亲人呢？”

唐维民答道：“老婆跟三个孩子。我走的时候是先跟着部队去了舟山群岛，后来转到台湾，可老婆、孩子都留在老家了，一晃就是四十几年，总算联系上了，快见面了。”

“那你在台湾有没家人呢？”

“我在台湾又结婚了，有一儿一女，现都在美国留学。”

在香港转机时，立德和小妹办好转机手续后，想找个地方坐下。只见到处都是返乡的老兵，每人手上提的、背上背的，都是大大小小、各式各样的包裹。他们有椅子坐椅子，没椅子就在墙壁边上蹲坐起来，把整个机场挤得几乎没有立锥之地。

立德等了半天，终于找到个空位，让小妹坐下，他本人就站在旁边陪她聊天。

一会儿，唐维民兴冲冲地领着个老兵模样的人过来，老远就喊道：“小张，我又碰到一个合肥同乡了！”

来的这位是瘦瘦小小的个子，因为穿的衣服非常多，显得有些臃肿，除了手上拎了两个包之外，肩上一边斜挂了个军用水壶，另一边也斜挂个旅行包，他还没走近来，就打躬作揖招呼起来。

唐维民给双方介绍道:“这是老韩，这是小张和他太太小妹，我们都是要去合肥的。”

小妹很高兴地问韩老先生:“这次回合肥，是去看谁啊？”

韩老先生回道:“我父母亲都还在，我被抓夫到台湾的时候才 16 岁。”

小妹说:“你和我父亲情形很像，可惜我父母都不能亲自回乡了。”

韩老先生打开旅行包，拿出两只馒头，问道:“你们要不要吃一点，还有三四个小时呢？”

所有的人都摇了摇头，韩老先生说:“别客气，出门在外，就要互相照顾。”见还是没人想要，他就打开水壶，自顾自地吃了起来。

4. 省亲

幸亏立德事前安排了沪申贸易公司接机，连带着也替唐维民和韩老先生解决了难题。本来立德想找一家好些的宾馆，但为了方便起见，四人都住进了一家三星级的宾馆。尴尬的是因为房间紧张，只订了两间房；幸运的是由于是本地企业订给客户的，身份证件只拿去做了登记，并没有从严核实。

唐维民先表态：“既然只有两间房，那我跟老韩就挤一夜，没问题的。”

立德张口结舌，还没说出话来，小妹已吩咐道：“立德，你还不把行李拿到房间里去！”立德只得长长地呼了口气，拿起行李跟着小妹进了房间。关了房门，小妹眯着眼睛看着立德，似笑非笑地说：“我一个大姑娘家的都不怕，你怕什么？”

立德面红耳赤，吞吞吐吐地解释道“我不是怕你，是怕我自己。”

小妹那招牌的狡黠笑容又显露出来。“你放心，我不会让你占我便宜的。”说着，她拿了床被子丢到沙发上，意思是你今夜就睡沙发吧，然后自己先去洗澡了。

立德紧紧地捧着换洗的衣裤及睡衣，坐在沙发上，听着浴室内传来的水声及小妹若有若无的哼歌声音，脸一直红到了脖子。一会儿，水声和歌声停止了，有开门和关门的声音，一双赤脚呈现在立德眼前，小妹笑容可掬地站在面前，说道：“我洗好了，你可以去了。”

等立德也洗漱完毕，他平躺在沙发上故意不动，就听到小妹在轻微的呼吸。他连忙在心里数着一只羊、两只羊、三只羊……正数着羊，黑暗中响起小妹的声音：“立德哥，我睡不着，你也没睡吧？”

立德温柔地劝道：“不说话了，明天还要赶火车呢。”

其实立德心里也不平静，翻来覆去地闹腾了一夜，刚迷迷糊糊地睡着，闹钟响了。他发现小妹也是两眼通红，一夜没睡的样子。

第二天，四个人一起上了列车，却都呈现昏昏欲睡的状态。唐维民说：“我整晚上都在想怎么回家的事，根本睡不着觉，我看老韩也一样。”

韩老先生摇摇头：“是的，等了四十年，才等到今天，真希望能长翅膀飞过去，哪里睡得着啊！”

列车行驶了十几个小时，中间走走停停，不晓得过了多少站。好在大家都预料到这个情况，准备了些食物，所以在吃的方面没大问题，但在其他方面，却有诸多不便。譬如吃剩的垃圾没地方丢，大家都往车窗外一扔了事；譬如上厕所是个大问题，走道上挤满了人，即使几经周折到了厕所，连厕所门有时都关不上，只有尽量不喝水，以减少方便的次数。在列车的摇晃中，四个人多数时间都半梦半醒着。小妹睁开眼，忽然发现自己先前是紧靠着立德睡着了。她眯了眯眼，幸福地笑笑，又睡了。立德闻到小妹身上的一股清香，心跳加快，是发香？皂香？还是体香？大概都有，反正是很好闻的味道。他就盼着列车永远不要到达终站。

可终究是要到目的地的，家乡的亲人都已等候在车站出口处了。唐维民和韩老先生都有亲人围绕着，他们还没来得及和小妹、立德告别，只见一位瘦骨嶙峋的男子拿着写有“季菊瑛”字样的纸牌在站外候着，小妹兴奋地举起手，高叫道：“二叔，我就是季菊瑛！”同时来接的还有二婶和开车的司机。

一路上有说有笑，小车很快到村口了。几个小孩跟着车跑，停完车后，二叔领着小妹、立德来到了一处老宅前，门口已站满了人，二叔向中间的老爷子说道：“爸，他们来了。”然后转头对小妹说：“这是爷爷。”

小妹走到爷爷面前跪下，看到呆站在一旁的立德，扯了一下他衣袖，轻声吩咐道：“你也跪下吧。”

两人向爷爷磕了三个头，起身后，小妹问道：“奶奶呢？”

“她身体不好，在床上等着你们呢。”爷爷回道。

果然，奶奶半卧在床上，看到从未谋面的孙女进来了，眼睛都亮起来。小妹同样拉着立德，朝奶奶磕了三个头。奶奶握住小妹的手，干枯的眼眶流出了泪水。“你还真像你爸爸，可惜他不能回来！”老人家说。

“爸爸做事的机关，业务比较敏感，所以他们不让他回来，不过我带来了许多他的照片。”小妹说完，从包里拿出一沓照片来。她一边解说着照片，一边用手绢替奶奶擦去泪痕。

晚饭在厅堂里开了一桌，院子里开了四桌，来的都是亲戚。开饭前，小妹坚持先要祭祖，然后拿出一大沓红包分送给大家。她解释道：“因为带东西不方便，所以准备了红包。”大家都笑逐颜开，这顿饭也吃得喜气洋溢，都说老季家多少年没这么热闹了！

饭后，二叔领着两人进入了他们的临时住处，就见双人床上有大红被褥，墙上、梳妆台的镜子上贴着大红双喜字。二叔解释道：“奶奶说了，这是孙女和孙女婿第一次回老家，所以得按新房的规矩办。”

等二叔走后，立德开始犯愁，因为房间里没有沙发，地也是青砖铺的，关键是被子只有一床，他心想，我今夜就只有趴在梳妆台上睡了。

小妹像看破了他的心事似的，坐在床上道：“你今天已三跪九叩地跟我拜过堂了，也算正式夫妻了吧？”

“什么三拜九叩，我怎么不知道？”立德满脸疑惑地反问。

“爷爷一次，奶奶一次，祭祖一次，加起来三次，不是吗？”

“哦，怪不得你坚持要祭祖。”

“你不要得了便宜还卖乖，多少人求都求不到这机会呢。”

立德见小妹有点生气，便坐到床边试图解释些什么，不料被小妹止住了，她说：“你要说的话我全知道，可我也要告诉你，全世界除了你，我不会嫁任何人！我不能为了你的兄弟情义，牺牲我自己的幸福！”

“小妹，你这是何苦呢？比我好的人太多了！”立德还在进行最后的抵抗。

“立德哥，我不管，我就是要你！”

“小妹，其实我多么希望能娶你啊！”

看着小妹微闭的双眼，立德终于情不自禁地吻了上去。激情过后，两人半裸地躺在有大红色鸳鸯戏水图案的被子里，小妹的头枕在立德的胸前，轻柔地说：“我们拜过堂了，老家的人也都知道我们是夫妻，今后你就是我丈夫，我这辈子就跟定你了！”

“我也是，除了你我这辈子不会娶别人了。我会找机会和龙哥沟通的。”立德抚摸着小妹的头发，回应道。

5. 谁与争锋

立德一直在寻思如何向黄龙解释，但黄龙仍在管训中，实在不好开口。正在犹豫时，立德接到黄龙来信，要求他去火车站接黄龙，但别将此消息告知任何人。

黄龙出了火车站，看见立德等在那儿，不由得露出笑容，说道：“兄弟，真难为你了。我这次出来，什么人都没通知，只告诉了你，我想先了解一下外面的情况再说。”

两人先找了家馆子，点了几个菜，一瓶高粱酒，慢慢喝起来。黄龙仰头干了一大杯，闭上眼睛，一副很享受的表情：“好久没搬火山了（喝酒的黑话），真好！”

“前几个月，我看到绿岛管训人员绝食抗议的新闻，又看到当局镇压，死伤了不少人，还真替你担心呢。”立德笑道。

“没有那次事故，还不知道什么时候能出来。都以为要在那里一辈子了。”

“出来了就好，以后当局者也不能随便抓人了。”

“哼，其实这次‘一清专案’抓了三千多人，全台湾有头有脸挂得上字号的全进去了，这倒给了大家一个联谊的机会，以后只怕再也没有小打小闹了。”

“龙哥，你以后想做什么打算？”

“我能有什么打算，还不是回原来的地盘。你知道我们铁血帮最近混得怎么样？”

“小虫来找过我几次，说现在这代帮主任哥全然没有龙哥的魄力，声势也比以前差多了，对兄弟又太抠门，他吃完肉，兄弟们连汤都喝不着……”

“我心里有数了。来，我们喝酒！”

第二天，黄龙独自外出，先弯了几个地方，最后到美美歌厅。看门的小弟们见了黄龙，惊讶中显出高兴的模样：“龙哥，你可回来了！”“龙哥，你回来就好了！”话语里透露出不可名状的讯息。

接到通知匆匆走出歌厅的小任，见到黄龙连忙趋前热络道：“龙哥，你怎么没先打个招呼，也好让兄弟们去接你。”

“别那么费事，我只是想和兄弟们碰个头，要不你安排一下时间和地点。”黄龙拍了拍小任的肩头，爽朗地笑道。

小任一口答应着，然后询问道：“不过怎么通知你呢？”

“你通知小虫好了，我还没找好住的地方呢。”

“要不先住我那里？”

“谢了，你通知小虫就好。”黄龙打了两声哈哈，然后说。

黄龙在外面兜了几个圈子，才回到立德家。见面后，黄龙劈头对立德说：“我要在你这里打尖（住）几天，别让任何人知道。我怕小任会对我下手。”

立德难以置信地问道：“小任？”

“嗯，我今天见他时，感觉这小子眼神不正，我得多留份心眼。”

“那你最近可得特别小心点啊！”

这天，立德刚到公司，小妹也跟进了他的办公室。小妹关上门，急切地问道：“立德哥，你跟龙哥提了没有？”

立德避开小妹的眼光，答道：“龙哥是住在我家，不过他最近可能要跟小任摊牌，生死攸关的事，我开不了口。”

“我怀孕了。”小妹低下头，犹豫再三，还是说出了这句话。

立德激动地抓住小妹的双肩，说道：“真的吗？我要当父亲了？”

小妹推开立德的手，说道：“你弄痛我了！这种事还能有假？”

“不不，我不是这个意思，”立德松开双手，忽然很坚定地说，“我……我今天无论如何都会跟龙哥谈的，即使他杀了我，我也要跟他讲！”

小妹委屈地解释道：“我不是要逼你。这小孩我是不舍得打掉的，一定要生出来。”

送走了小妹，立德意识到这事无论如何需要和黄龙明说了。他一个人在办公室内来回踱步，思考着怎么向黄龙开口。正在这时，小虫气喘吁吁地起来了，“不好了，龙哥被枪击伤了，现在台大医院急救呢。”

“怎么回事？伤得厉害吗？”立德一边问，一边拉着小虫往医院赶。

在计程车里，小虫细述着原委：“任哥约了龙哥见面，话还没说上两句，任哥就拔出手枪朝龙哥开了两枪，一枪打在胸部，一枪击中腹部，一个小弟还对着龙哥的脸上砍了一刀……任哥已趁乱逃逸。龙哥现正在急救中，具体情况得等到医生诊断后才可能知道。”

手术室外，有十几个黑衣人在守候，也有两名警员在，小虫解释道：“我们还没通知龙哥家里，警察正等着询问龙哥。怕任哥再来生事，所以留些兄弟在这里守候着，但铁血帮已经发了江湖追杀令，没人会收留任哥的。”

说话间，医生从手术室出来，对警察说：“由于伤到了肺部，病人暂时还不能开口说话，需要将他移到加护病房，一周内禁止任何访客。”

实际上未等到立德去通知，荣发夫妇已闻讯赶到医院。荣发老泪纵横地对立德说：“真不知前世做了什么孽，养了这个讨债鬼，早晓得关在牢里还安全些！”

立德惊讶地问道：“你们怎么知道的？”

“报纸上登那么大，全台湾都知道了，”顿了一下，荣发说，“本来小妹也要跟来的，后来一看报上说，这一两个礼拜都不会醒，也谢绝访客，所以就没一起来。”

过了三天，黄龙的伤情稍有稳定，只不过还是不能接见访客，立德便抽空赶到小妹家里，可没人应门，又赶到杂货铺。当立德站在小季的杂货店门口时，小季诧异地问道：“立德，你没跟小妹一起去香港？我一直以为她是跟你一起去的呢。”

立德惊愕地回道：“季伯伯，小妹是什么时候决定去香港的？”

“她是前天告诉我，昨天走的。至于她自己是什么时候决定的，我就不清楚了。”小季说。

立德怅然若失地站在杂货店门口，不晓得往哪个方向走。

黄龙在医院住了个把月。这期间，立德找过小季夫妇几次探询，都没有小妹去向的确切结果，直到收到了寄自香港的一封来信。展示在他面前的是份大红的喜帖，上面写着周保罗先生与季小妹小姐的婚礼，地点是香港铜锣湾荣华大酒楼，而时间就是明天。喜帖上没有双方父母的具名，也没有回邮地址，显而易见是不想台湾的宾客参加或送礼。

立德拿着喜帖刚想去见小季夫妇，哪知小季也正巧为这事前来找他。小季带着疑惑的眼光问道："我们也是才收到这帖子，这孩子是不是跟你闹别扭了？这个周保罗又是谁呢？"

"我们还好啊，没闹别扭呀，"立德一副茫然不解的样子，"不过我倒知道周保罗是个美籍华人，原来是小妹的英文老师，现在是一家美商在东南亚的负责人，常驻在香港，是个正派人。"

后来立德曾再次找过小季夫妇，告知他们自己想去香港寻找小妹，但小季说他也不知道小妹的住址，并表达了担心立德此去可能会妨碍小妹的婚后生活；再后来季家搬走了，小妹的讯息也就断了。

第十三章 祸兮福之所倚 福兮祸之所伏

（时间：1995年）

1. 龙腾虎跃

随着台湾经济的发展，娱乐业开始转型，原来的歌厅、舞厅生意都走下坡路了，代之而起的是卡拉OK（KTV）夜店。黄龙除保留一家红包歌厅外（即歌星唱歌，靠听众们的红包打赏，为许多单身在台退役老兵的消遣所在），还开了家“巴黎春天”的KTV店，成为许多人谈生意、乔事情的场所，而有志则是这家店里的常客。

有志坐在包厢的沙发上，莲姐先进来打个招呼，然后就带进来十几位穿着暴露的小姐。有志说：“陈‘委员’、王‘议员’，你们看看有没有中意的？”陈‘委员’摇摇头，王‘委员’挑了左面数过来第三个小姐。有志继续说道：“王董事长、赵总经理，你们有没看得上的？”如此这般地进行了三轮之后，总算包厢里每位客人至少有一位小姐陪伴。

除了陪酒的小姐外，中间的两张茶几上，摆满了酒瓶和酒杯。每张茶几又有两位“公主”跪坐在地上，负责倒酒、点歌等服务工作。因为两位“委员”交游广阔，不时有其他房间的客人进来敬酒。陈“委员”是麦霸，一手拿酒杯，一手握麦克风，拉开嗓子唱个不停，而王‘议员’则和边上的丽莎谈笑风生。

黄龙进来敬酒的时候，客人们都已有几分醉意。有志连忙起身，介绍双方认识。王‘议员’回应道：“龙哥，我们见过，大埔帮的阿财是我兄弟。”

黄龙豪气地说：“看来都是自己人，来，干杯！”

王议员说：“谢龙哥！”

全场敬完后，陈“委员”还在唱，黄龙脸色一变，就要往外就走。有志一把拉住黄龙，介绍道：“这是‘立法院’的陈‘委员’，这是龙哥。”

陈“委员”只得放下麦克风，拿起酒杯，随意地说：“龙哥，我敬你。”然后转过头，又去看银幕上的歌单。不料，一个清脆的耳光已经打在他脸上了，只听得黄龙旁边小弟骂道：“别给脸不要脸，对我们大哥你都敢不给面子！”

全场霎时静默下来，有志赶紧趋前道：“龙哥，不好意思，看我面子啦！”

“你交的好朋友！”黄龙沉着脸骂道，随即率小弟推门离去。

大家面面相觑，意兴索然，纷纷和有志告辞。陈“委员”则忙着打电话，有志在沙发上不知起起落落了多少次，直到陈“委员”放下电话，他才打躬作揖，向陈“委员”抱歉道：“对不起，都是误会，误会！”

陈“委员”板着个脸骂道：“什么玩意儿，以为老子是吃素的？咱们走着瞧！”

“陈‘委员’，我们先别急这些，现在首先看怎么走出这里？”有志苦着张脸说。

“我已经叫人来了！”

“这可怎么办？怎么会这样？”

不一会儿，陈“委员”的手机响了，接完电话后，他笑容满面地对有志说道：“我们现在可以走了，青龙会的人到了！”

一直到走出房门，也没见有黄龙的兄弟阻拦，有志才松了口气。然而刚走出KTV的大门，有志又倒吸了口凉气。原来青龙会的梁哥带了十几个人，站在街边，但四周恐怕有百多人围着，许多都是有志见过的黄龙兄弟，而且都有面包车停在近处，凶器什么的应该都在车上。

陈先生大声道：“梁哥，谢谢你过来帮忙！”

梁哥神色紧张地走上前来，问道：“陈‘委员’，你是跟谁结的梁子？”

陈“委员”见梁哥的样子，心里不免打鼓，结结巴巴地说：“跟……龙……哥，我……没跟你说吗？”

“你就说在这里被人打了，要找回面子。”梁哥王顾左右地回道。

两人正说着，黄龙带了几个弟兄走出大门，大声招呼道：“梁哥，难得今天有空到这里来玩，来，进去坐坐，我请客！”

梁哥放低了声调：“龙哥，今天是我兄弟不小心得罪了龙哥，不好意思，我特地来领他回去，希望龙哥给个面子。”

“既然梁哥发话了，没问题，”黄龙笑笑，看了一眼四周后说道，“何况有志也是我兄弟，还要陈‘委员’照顾呢。”

陈“委员”看看梁哥，突然转成笑脸道：“龙哥，今天不好意思，下次我请酒赔罪。有志，你以后有事尽管来找我！”

等梁哥他们走远后，黄龙才挥挥手，叫周遭的人散了，然后自言自语道：“这个王八蛋，不教训教训都不晓得厉害！”

“是啊，看以后还有人敢在龙哥面前撒野！”有志在一旁奉承道。

黄龙说：“现在哪个民意代表没有黑道背景？反正都是搓圆仔汤（围标），见者有份，如果陈‘委员’不给你面子，你告诉我！”

2. 归思难收

在光华新村的戴府，老戴夫妻推开院门，站在那里半天没动，在打量着屋子。戴妈妈叹口气，说道：“好像变动不大，跟我们离开时差不多。”

戴伯伯揉了揉眼睛，说：“因为我们一直有租客，直到现在房子要收回才搬走，所以房子保存得还好，变化不大。”

两人于是互相搀扶着走过院子，戴伯伯问戴妈妈道：“你记不记得以前你包饺子时，小龙在这里窜进窜出的日子，如今一眨眼都四十几年了，我们也都老了。”

经此提醒，往事似乎历历在目，戴妈妈也感叹道：“不是为了眷村改建，要办手续，我们哪里会回来，还不得终老异乡了！”

“当年搬到这里时，只想着有朝一日能回大陆。现在家乡也回去过了，父母亲已不在人世，想念的家却变成了这里。”

“嗨，难得大家都回来了，哪天就在我家聚聚，我再包顿饺子。”

荣发看着院子里当年搭建的小屋，对黄妈妈说："这可是我一砖一瓦亲手盖起来的，现在要拆了还真舍不得。当年盖的这小屋主要是让小龙住，如今小龙都五十岁了，唉，到现在没成家，一辈子就这么浪荡掉了！"

"是啊，那时多好，我家的小孩到别人家去玩，别人家的小孩到我家吃东西，好像一家人一样，"黄妈妈说，"可现在呢，大家环境好些了，反而隔阂，一年难得碰次头，讲的都是客气话，再也没以前的那种感觉了。"

荣发转头呆呆地望着天空，忽然自我询问道："就是不晓得林伟夫妻回不回来？"

其实只隔了一天，林伟就回来了。林伟擦了擦眼睛，大概是想把这里的一草一木都看得清楚些。他对林妈妈说："看到这房子要拆，我还挺难过的。我一辈子最苦的日子就是在这里度过的，但这里也是我生活最久、回忆最多的地方。"

墙角有颗玫瑰花长得又高又大，挺好看的，林伟蹲下身将边上的杂草拔掉些，自嘲地说："其实这里马上要拆了，你又能再活多久呢？"

林伟站起身，差点摔倒，幸亏林妈妈赶紧过来扶住。林伟摇头道："老了，筋骨大不如前了。以前老想回大陆，以为那儿有我的根、我的家人，现在我却觉得我的根似乎在这里。但

我的儿女在美国，所以我只能做漂泊的浮萍了。”

“我们这一代人，本来就是漂泊的命！逃军阀，逃日本人，逃内战，似乎天天都在逃难，只有这里，给了我们几十年安定的生活，但从现在起，都只是记忆了。”林伟的话勾起林妈妈的感触，“道和倒是应该回来的，这是他成长的地方！”

林伟苦笑了一下：“我本来想叫道和一起回来的，他为了刘菲的事，不想见黄龙，坚持不肯回来，我也没办法。其实那么久的事，谁还记得呢？”

在戴伯伯家的饺子宴上，老邻居们都到了，似乎又回到四十年前的情景。大家相互寒暄，询问近况，也都伤感于年华易逝，光阴不再。

有志是陪着父母亲李政夫妇回来的，老戴见面赶紧说道：“老李啊，我们村子里这么多人，就你混得最好！老李牛肉面如今是台北的招牌美食，我在美国都听说了，改天一定要专程去品尝一下！”

“你过奖了，这也是托了大家的福啊。”李政开心得合不拢嘴。

荣发夸道：“其实有志的本事更大，是台北有名的开发商，在许多精华区都有他的产业，应该算得上亿万富豪了。”

“黄伯伯言重了，我哪有那么大的本事，还不是利益于小龙哥的相助，”有志有些难掩得意之色，“咦，他没有来吗？”

“他说他晚一点到，”荣发又转过头，问林伟道，“对了，这次道和没回来啊？他现在是学术有成，常在报上看到他的名字。”

林伟谦逊道：“他算什么？老戴女婿道孚是国际知名学者、美国科学院的院士呢。”

老戴看着邻居们热热闹闹的场面，感慨道：“几十年过去，大家在生活上都改善许多，事业上也各有所成，但我还是怀念我们过去在一起的日子，可惜再也回不去了。”

大家都没吱声，是有志的声音打破了暂时的静默：“龙哥和立德哥来了！”

立德见大家的眼光都盯着自己，忙说：“不好意思，我不是你们眷村的，但我从小在这里长大，所以不请自来，想看望一下各位长辈。”

老戴笑道：“欢迎欢迎！听说你生意做得不错？”

“还行吧，台湾这几年景气度不错，各行各业都在成长。”立德客气地回应承着。

跟在立德后面的黄龙左右巡视，没急着同大家打招呼。“怎么没看到小季叔叔？”他询问道。

老戴解释道：“他们夫妇俩台北、香港两边住，今天会从香港赶来的。小妹后来嫁得不错，她先生好像是家美企的负责人，所以她在台北和香港都有居所。”

说这话时，阿兰推着小季正巧进来，和大家打了招呼后，小季看到站立在一旁的立德，略含些歉意地问道：“立德，你还好吧？”

“我还好，谢谢二老，”立德的脸上涌现出热切盼望的表情，“小妹可好？好久没她消息了。”

“还过得去吧，只不过多数时间她都住在香港，所以跟大家少联络了。”小季说。

立德问：“季伯伯、伯母，你们在台北住哪里，我想改天去拜访你们？”

小季答道：“那就不必了，我们难得回来一次，可能又要到南部去看看阿兰的亲戚。”

立德领悟到小季的意思，没再说话。

第十四章 愿我如星君如月 夜夜流光相皎洁

（时间：2010 年）

虽然黄龙的葬礼已过了三天，立德除了第二天与道和、有志的餐叙及出外简餐的时间，就没有离开过家，成天守在电话机旁。直到第四天早上，立德终于听到电话铃响，马上飞奔过去，拿起话筒喂了两声，却没听到声音，正想挂断时，才听到那边传来细微的声音："是立德哥吗？"立德呆住了，脑子里顿时一片空白："小妹！小妹吗？"

"立德哥，你哪天有空，我想请你到我家坐坐？"

"真的是小妹你……你定时间，我一定到！"

"那就明天吧。我住在信义路杭州南路口的启德大厦 14 楼 A 座，你下午两点来好了。"

这天晚上，立德心里倒海翻江，一点没有睡意。只要他一闭上双眼，面前就是往昔的一幕幕，如此悠远，却又那么清晰。终于等到东方泛白，他干脆起床了。洗漱完毕后，他又为穿什么衣服而烦恼：似乎不能太正式，也不可太随便；既要穿出品味，又不能显摆。他试试这件，配配那件，最后找了件黑色 T 恤，配上条浅色裤，就是平日里穿的那样了。

立德走到青岛东路一处街口的烧饼油条摊上，吃了早餐，看时间尚早，又散步到天后宫，求了支签，是上上大吉，这才荡到信义路上，在启德大厦附近找了家丹堤咖啡馆，买了三份报纸，坐在里面等候，看看时间也才上午十点半。他从报头一直看到广告，中间还叫了份简餐，完了实在不想再耗在咖啡馆了，才站在 14A 门口，几次欲伸出手去，可在触摸到电铃前又缩回来，最终还是按了下去。几乎是同时，门打开了，小妹灿烂的笑容展现在面前。立德不好意思地笑笑："对不起，我来早了！"

小妹也满含笑意地回道："不，对你来说，什么时候来都不算太早，自然也不会太晚。"

立德明白，事实上自己是来晚了，但他不明就里，不敢随意接茬。

小妹今天略施粉黛，淡扫的峨眉几乎看不出眉笔的痕迹，薄薄的粉底只为遮住眼角若有若无的鱼尾，微微的胭脂表现出的是些许的腮红，连唇膏都是淡淡的，如同玄关墙上挂的一幅小妹画的仕女图，简单几笔便将画中美女的神态尽数勾画出来，大片的留白上有几枝杨柳，呈现几分超凡脱俗的意境。

“小妹，你今天真美！”立德脱口而出道。

小妹想起初见立德时，他也说过这句话，脸颊上不由得更添了几分颜色。

两人在客厅坐定后，小妹问道：“我记得你是喝乌龙茶的，没有变口味吧？”

“你晓得我对任何事情都很执着的。”立德意有所指地答道，不过他马上后悔自己的唐突，只是话既已出口，已收不回来了。

小妹笑笑，没再言语，自顾自去泡茶了。

立德发现墙边的案几上，放了三幅照片，便走过去细看，一幅是小妹年轻时在光华新村照的，另一幅是小季夫妇的合影，还有一幅是个陌生的年轻人。正在这时，小妹已泡好茶来到立德的身边。她先说起自己的照片：“这是我一辈子最珍惜的时光。”然后指着父母亲的合影道：“这是两老去年照的。”最后她拿起年轻人的照片，问道：“你没见过他吧？”

立德摇摇头。

“他是友松呀。”小妹柔声介绍道。

立德愣住了，脑中一下空白。他赶紧捧过照片，仔细地看，又转过脸来看着小妹，只见小妹点点头。“周保罗知道这事？对他还好吗？”他问。

小妹又点头。

“他现在那里？我要去谢谢他。”

“他是谁？谁是他啊？你为什么要谢他？”

“周保罗啊！他明知友松不是他亲生的，还把他养这么大，你说我不该谢他吗？”

“谁说周保罗把他养大了？”

“刚才不是你说的吗？”

“我？我说过吗？”

“那是谁把友松养大的呢？”

“是我，我自己呀。”

“可周保罗是你丈夫，他都没不管吗？”立德还是疑惑不解地问道。

小妹眼含笑意地反问：“谁说他是我丈夫了？”

立德被小妹说得愈发迷糊了：“你离开台北去香港，不就是跟他结婚吗？”

“难道只准我和你假凤虚凰，就不许他和我演戏吗？”小妹收起笑意，正色地回道。

立德呆立良久，突然领悟了。他冲上前去，抱住小妹，哽咽道："小妹，我对不起你！这些年，是我让你受苦了，求你原谅我吧！"

小妹也泪流满面地道："没事，都过去了。所以你今天一进门我就说过，你什么时候来都不算太早，自然也不会太晚。现在你没有理由不娶我了吧？"

后　　记

在庆祝抗战胜利七十周年和九月三日的阅兵军乐声中，书写《哥儿们》的后记是别有一番滋味在心头的。经历过抗战的这一代人，后来相当部分又跋山涉水地到了台湾，住进了眷村，成为第一代外省人；而他们的子弟，即第二代的外省人，在经历各种劫难之后，可能成为台湾最后一代外省人。因为第三代外省人似乎都找到他们的归属，再没有第一代抑或第二代人的那种无根的感觉。

本书虽是以眷村为经，以台湾这几十年的社会变迁为纬，所编织成的一个故事，但强调的却是诸多眷村人强烈的思乡之情，其中也有许多篇幅提到了眷村子弟与帮派的交集过程。宋代词人贺铸有首《六州歌头·少年侠气》中的部分，如“肝胆洞，毛发耸，立谈中，死生同，一诺千金重”，是很能够描述这些年轻人的心路历程的；而其中“笳鼓动，渔阳弄，思悲翁，不请长缨，系取天骄种，剑吼西风”，又是何等悲愤，满含报国无门之伤感。

所谓的“一诺千金重”，在这时其实就是描述市井英雄的侠义之风，也可以解释黄龙、张立德行为的缘由；而“思悲翁，不请长缨”，不正是黄荣发、林伟等人的写照？在生存于眷村的两代人中，其所有的悲欢离合，不仅诠释着现代中国的部分历史，也传承了我们民族许多固有的文化。

笔者生于抗战，长于台湾，结婚成家于美国，移居上海又已十二个年头，世事兴衰多有感触，所谓“功名眉上锁，富贵眼前花”，甚至也曾“眼见到他起高楼，眼见他楼塌了”。人故如是，国亦如此，于是深感人生在世，犹如春梦一场，总希冀给自己的人生留下些忆念，这也促成了写作本书的初衷。但时不我与，虽恐力有未逮，也只能勉力为之了。

图书在版编目（CIP）数据

哥儿们 / 张涤生著. -- 上海 : 文汇出版社，2017.9

ISBN 978-7-5496-2290-0

Ⅰ. ①哥… Ⅱ. ①张… Ⅲ. ①长篇小说—中国—当代 Ⅳ. ①I247.5

中国版本图书馆CIP数据核字（2017）第199994号

哥儿们

作　　者 / 张涤生
图片摄影 / 张涤生
责任编辑 / 乐渭琦
装帧设计 / 陈益平

出 版 人 / 桂国强

出版发行 / **文匯**出版社
上海市威海路755号
（邮政编码200041）
经　　销 / 全国新华书店
照　　排 / 上海歆乐文化传播有限公司
印刷装订 / 当纳利（上海）信息技术有限公司
版　　次 / 2017年9月第1版
印　　次 / 2017年9月第1次印刷
开　　本 / 890×1240　1/32
字　　数 / 120千字
印　　张 / 7.25

ISBN 978-7-5496-2290-0
定　　价 / 28.00元